CLARA B.

T0063783

JAMÁS SOLO

LA BENDICIÓN DE LA SOLTERÍA

CLARA BASTIDAS

JAMÁS SOLO

LA BENDICIÓN DE LA SOLTERÍA

B&H

ESPAÑOL

BRENTWOOD, TENNESSEE

Jamás solo: La bendición de la soltería

Copyright © 2023 por Clara Bastidas
Todos los derechos reservados.
Derechos internacionales registrados.

B&H Publishing Group
Brentwood, TN 37027

Diseño de portada: B&H Español
Fotografías: ChooChin/istock y threeart/istock.

Clasificación Decimal Dewey: 306.81
Clasifíquese: PERSONAS SOLTERAS \ HOMBRES SOLTEROS \ MUJERES SOLTERAS

Ninguna parte de esta publicación puede ser reproducida ni distribuida de manera alguna ni por ningún medio electrónico o mecánico, incluidos el fotocopiado, la grabación y cualquier otro sistema de archivo y recuperación de datos, sin el consentimiento escrito del autor.

A menos que se indique de otra manera, las citas bíblicas marcadas NBLA se tomaron de la Nueva Biblia de las Américas (NBLA), Copyright © 2005 por The Lockman Foundation. Usadas con permiso.

Las citas bíblicas marcadas RVA se tomaron de la Reina Valera Actualizada,
© 1989 por Sociedades Bíblicas Unidas. Usadas con permiso.

Las citas bíblicas marcadas RVR1960 se tomaron de la versión *Reina-Valera 1960*® © 1960 por Sociedades Bíblicas en América Latina; © renovado 1988 Sociedades Bíblicas Unidas. Usadas con permiso. *Reina-Valera 1960*® es una marca registrada de las Sociedades Bíblicas Unidas y puede ser usada solo bajo licencia.

Las citas bíblicas marcadas NVI se tomaron de La Santa Biblia, Nueva Versión Internacional®,
© 1999 por Biblica, Inc.®. Usadas con permiso. Todos los derechos reservados.

Las citas bíblicas marcadas DHH se tomaron de Dios Habla Hoy®, Tercera edición, © 1966, 1970, 1979, 1983, 1996 por Sociedades Bíblicas Unidas. Usadas con permiso.

Las citas bíblicas marcadas NTV se tomaron de la Santa Biblia, Nueva Traducción Viviente,
© Tyndale House Foundation, 2010. Usado con permiso de Tyndale House Publishers, Inc.,
351 Executive Dr., Carol Stream, IL 60188, Estados Unidos de América. Todos los derechos reservados.

ISBN: 978-1-0877-5693-6

Impreso en EE. UU.
1 2 3 4 5 * 26 25 24 23

ÍNDICE

PRÓLOGO

Creo que si estás leyendo este libro es por alguna de estas razones: estás dentro del grupo de los solteros, tienes algún hijo, hija, amigo o familiar que es parte de ese grupo o eres alguien que trabaja con solteros dentro de tu iglesia u organización. Sea cual sea tu caso, permíteme comenzar por decirte que tienes un excelente recurso en tus manos. De hecho, ¡yo hubiera querido tener algo así cuando viví mi etapa de soltería!

Dentro de poco más de un mes, mi esposo y yo celebraremos 28 años de matrimonio, por la gracia de Dios. Si bien es cierto que nos casamos muy jóvenes, también lo es que crecimos en un marco donde la soltería, lamentablemente, no tenía mucho espacio. Y digo lamentablemente porque al ser así, uno podía percibir la desesperación en la mayoría de los jóvenes por encontrar pareja. Desesperación que dio lugar a noviazgos innecesarios, más de un matrimonio fallido y muchas lágrimas. Recuerdo haber estado ahí, creyendo que el rompecabezas de mi vida solo estaría completo cuando me pusiera un traje de novia y caminara por la senda hacia al altar donde me esperaría el esposo de mis sueños para vivir nuestra historia de amor. Y sí, Dios tenía ese plan para mi vida, pero no quiere decir que de haber sido diferente hubiera sido un rompecabezas incompleto. Claro, en aquellos años no lo entendía con tanta claridad. Para mí, la soltería era el plan que nadie quería.

Eso era común en los jóvenes cristianos de mi generación, aunque al mirar hoy a mí alrededor, y luego de leer este libro, me doy cuenta de que las cosas no han cambiado mucho. El pueblo cristiano necesita un entendimiento bíblico de la soltería, y por eso es que me da mucha satisfacción recomendarte esta lectura. Y lo hago con esperanza, con la esperanza de que un entendimiento correcto de las Escrituras pueda permear también cómo vemos lo que Clara llama, y con razón, un regalo de Dios: la soltería.

A lo largo de los años he observado cómo los cristianos podemos vivir una dicotomía entre lo que decimos y lo que practicamos. La frase «Jesucristo basta» la encontramos en tazas, camisetas, decoraciones para el hogar, canciones y más. ¡Y claro que Jesucristo basta! La Biblia enseña que estamos completos en Él: «...y ustedes han sido hechos completos en Él, que es la cabeza sobre todo poder y autoridad» (Col. 2:10). Sin embargo, nuestra *praxis* a menudo muestra una realidad muy diferente de nuestra ortodoxia, lo que creemos. Solemos pensar que necesitamos a Cristo y _____. Ese espacio en blanco lo pueden llenar muchas cosas, desde logros personales, viajes y objetos materiales hasta algo tan bueno y diseñado por Dios como el matrimonio. Lo peor del caso es que esto es lo que a menudo se enseña y se vive en una buena parte de nuestras congregaciones y círculos cristianos, al punto de hacer de la familia y el matrimonio un ídolo, como tal vez ya has descubierto y como lo verás muy bien argumentado en las páginas que siguen.

Hemos llegado a creer que la soltería es —en el mejor de los casos— una especie de etapa intermedia o de espera hacia un tiempo mejor; en el peor de los casos, un estado lamentable, triste y con el que no sabemos muy bien qué hacer. Hemos olvidado que la vida cristiana no se trata de un estado civil sino de Cristo, que Dios es Dios de los casados y de los solteros, que los solteros no son inferiores debido a su estado civil sino que, al igual que todos los creyentes, son parte de la familia en Cristo y también tienen mucho que aportarnos. Hemos supuesto, erróneamente, que tener una familia —esposo o esposa e hijos— es la máxima expresión de bendición. Y todo parte de una visión que no está anclada en las Escrituras sino en la cultura, la herencia y el entorno familiar, y un mundo que busca llenar los espacios con cualquier otra cosa fuera de Dios.

En estas páginas podrás encontrar lo que realmente Dios dice sobre la soltería y por qué es un regalo también. Clara desmitificará algunas afirmaciones que la mayoría hemos creído sobre el estar solteros, cómo lidiar con la presión muy real que los solteros sienten, qué implicaciones tiene la sexualidad para un joven soltero y mucho más. Aprecio la honestidad y claridad con que ella aborda cada uno de estos temas.

Este libro lo escribió una joven que experimentó la soltería por varios años, más allá de lo «aceptable» según el consenso popular. Pero, por gracia de Dios, Clara entendió que nuestro valor no está en un estado civil y ahora lo comparte con nosotros, los lectores, no solo desde su experiencia sino desde el estudio profundo y dedicado. Lo que aquí vas a leer es también el resultado de encuestas, conversaciones e intercambios que hacen que el libro sea no solo fácil de leer sino diáfano y «con los pies en la tierra». Sin embargo, mi mayor deleite al interactuar con este material ha sido que no es un manual de cinco pasos para disfrutar la soltería sino un libro que levanta nuestra mirada y la pone donde únicamente encontramos la satisfacción duradera, independientemente de si estamos solteros, casados o en tiempo de viudez, y ese lugar es alguien: Cristo Jesús.

Doy gracias a Dios por un libro como «Jamás solo» y espero que al terminar la lectura puedas no solo sentir gratitud, sino que corras a buscar otra copia y la regales a alguien que del mismo modo pueda beneficiarse. ¡Necesitamos compartir este mensaje y que la Iglesia comprenda que hay bendición también en la soltería!

Wendy Bello

DEDICATORIA

A mi Señor Jesús, el amor y el tesoro de mi vida; quien dulce y pacientemente me condujo a vivir en Su suficiencia y en la plenitud de gozo que solo Él puede darme.

A los solteros cristianos que luchan para conciliar las enseñanzas y principios que han recibido con sus anhelos y realidades. No están ni estarán nunca solos.

A mi esposo José David, por ser un reflejo del amor con el que Dios siempre me ha amado. La voluntad de Dios para mí fue que uniéramos nuestras vidas y me regaló al mejor para hacerlo. Gracias por todo el apoyo para que este libro pudiera hacerse realidad.

A mi hijo Gabriel, quien estaba en mi vientre durante la mayor parte de la preparación de este libro. Oro para que toda tu vida puedas saberte pleno y completo en el amor de Cristo y que puedas vivir coherente e íntegramente con esa verdad.

INTRODUCCIÓN

Escribir un libro sobre soltería no es lo que la mayoría de las mujeres casadas como yo tienen en su lista de prioridades, lo sé. En teoría, la vida matrimonial, el ministerio, los niños o ahorrar para el pago inicial de una casa deberían anteponerse a un asunto que en esta etapa de mi vida parecería, por lo menos, irrelevante.

¿Acaso no logré «salir» ya de la etapa de la soltería? ¿Por qué estaría este tema entre los que más estudio y enseño? ¿Por qué no me concentro más bien en alegrarme porque *la espera* terminó y me dedico a hablar de cosas que conciernen a los casados? Lo cierto es que necesitaría un libro entero para contarte el porqué... así que eso es lo que haré.

No recuerdo exactamente cuándo comencé a pensar en el matrimonio como una meta, como ese salvavidas que me permitiría llegar al puerto seguro de una vida feliz. Quizás fue justamente tras el divorcio de mis padres, donde recuerdo haberme jurado a mí misma que algún día volvería a tener una familia feliz. En ese momento, sentí que mis circunstancias me decían que yo no merecía una familia, que quizás no valía lo suficiente como para tener a mis padres juntos. Con los años mi objetivo se convirtió en demostrarle al mundo y a mí misma, que yo sí valía. Algún día habría un hombre que sí querría quedarse conmigo y mi miedo a no ser suficientemente valiosa se disiparía.

Cuando tuve un encuentro personal con Jesús, muchas cosas en mi vida cambiaron, pero el sueño de ser amada por alguien solo se incrementó. Veía en la iglesia como tantas prédicas y actividades se centraban en los matrimonios y las familias, que mi idea de que el matrimonio debía ser la meta final de mi vida parecía ser confirmada una y otra vez. A medida que crecí y entré en mis años de juventud y adultez, sentía que las prédicas, los libros y los mensajes me repetían: «El matrimonio es la mayor bendición de Dios»; «la familia es lo más importante». Me formé la idea de que una vida cristiana ideal o completa necesariamente tenía que incluir el matrimonio. Yo creía que el Dios que estaba conociendo no me negaría la bendición más importante, ¿verdad? Además, el cristianismo podía funcionar como una garantía que me permita casarme con un buen hombre, uno que me amaría como en los cuentos y las películas, y que jamás me dejaría porque, bueno, él sería el hombre que Dios creó para mí. Dios sería mi seguro de vida para un matrimonio y una familia feliz.

Luego de relaciones fallidas, corazones rotos y años de idolatría al amor romántico se acercaba el final de mi década de los veinte y me encontraba sola y agotada. Lo había intentado todo y no había demostrado ser merecedora de ese amor que cambiaría mi vida. Sin embargo, una gran parte de las enseñanzas que escuchaba y los libros que leía usaban como ejemplos de la vida diaria al esposo, la esposa, los hijos y los sucesos domésticos. Los eventos para matrimonios eran los más importantes y aquello de lo que sí podía ser parte como soltera me parecía una actividad residual y de segunda importancia. Si en la Iglesia, el matrimonio y la familia parecían ser lo que más se valoraba, entonces debía ser lo que Dios más valoraba. Si yo no lo tenía, algo en mí estaba mal, muy mal.

Mientras tanto, en mi carrera como abogada de Derechos Humanos y funcionaria de la ONU, las puertas se continuaban abriendo. Eso sí, siempre a cambio de más de mi tiempo y de mi vida. Mi soltería me hacía la perfecta candidata que se podía sacrificar por la causa de la organización. Eso era premiado con una carrera que avanzaba con rapidez. A medida que pasaba el tiempo, a pesar de que amaba profundamente mi trabajo, sentía que Dios no me dejaba opción: para mí, el matrimonio no estaba disponible; mis bendiciones solo eran profesionales. Y esto me hacía sentir muy desesperanzada.

Mi edad, mi preparación y mi carrera hacían cada vez más lejana la posibilidad de formar una familia. Pasé por ciclos de desesperación, resentimiento e impaciencia que me llevaron a tomar malas decisiones (como entablar relaciones en yugo desigual, por ejemplo); también pasé por otras épocas de resignación, autocompasión y vergüenza por estar soltera, que me hacían sentir que Dios solo escuchaba una parte de mis oraciones. Yo me preguntaba: ¿De qué sirve ser cristiana, vivir en obediencia y resistir las tentaciones si Dios parece regalarles un esposo a todas (incluyendo a las no creyentes), menos a mí? ¿Dónde estaba la esperanza en un futuro completamente solitario?

Un día me sentí exhausta, con ese tipo de agotamiento en el que ya no importa nada más. Un sentimiento de debilidad en el que solo quieres encontrar descanso del maratón que corres, uno en el que corres sin parar, pero al que nunca te inscribiste por voluntad propia. Me sentía cansada de esperar, de buscar, de ilusionarme en vano y de orar sin respuesta. Fue un momento que produjo una crisis en mi fe, que me llevó a cuestionar mi cristianismo y si acaso valía la pena creer en Jesús. En mi cabeza daban vueltas tantos cuestionamientos. ¿Valía la pena un cristianismo que, aparte de pedirme dejarlo todo, no me garantizaba la satisfacción de mis deseos más profundos? ¿Era Dios tan cruel que me negaría la bendición más grande?

Esa crisis remeció los cimientos más profundos de mi ser. Sin embargo, puede sonar paradójico, pero hoy es un tiempo que recuerdo con cariño. Fue el tiempo que hizo más sólida mi fe, porque Dios me llevó a ponerla realmente a prueba. Él mismo me mostró cuál era mi tesoro y, por ende, dónde estaba mi corazón: en el matrimonio. Me perdí por meses en el estudio del evangelio y en qué significaban esas buenas noticias en mi vida práctica, en el área que más me dolía y en la que sentía que Dios nunca había intervenido. Contrasté las decenas de alabanzas que cantaba en el micrófono y frente a la congregación cada domingo («eres suficiente para mí», «nada se compara a tenerte», «Jesucristo basta») con ese mensaje que había dejado que se grabase en mi corazón de que no estaría completa o realizada hasta casarme. Comparé las buenas noticias de liberación en Cristo con los angustiados comentarios de otras personas deseando que «se acabara mi espera» y en especial comparé ese mensaje que presenta a Cristo como Salvador con la forma en que vivía mi vida cristiana.

Mi conclusión fue que ¡estaba siendo una gran hipócrita! Dios me dejó claro que yo tenía toda la libertad de quejarme, llorar y renegar de mi destino, pero que no podía continuar alzando mis manos, diciendo que Jesús era suficiente, si realmente yo no lo creía y no vivía de forma coherente y de acuerdo con esa verdad del evangelio. Si yo creía que necesitaba algo más aparte de Jesús para ser completa, estaba viviendo otro evangelio, pero no el evangelio de Cristo.

Todo el evangelio presenta la explicación inequívoca de que nosotros mismos ni nada en este mundo es suficiente, solo Cristo; nosotros estábamos muertos y nos rescató para darnos vida y solo Él nos invita a tomar de Su plenitud (Juan 1:16).

Jesús modeló una humanidad plena y, entre otras cosas, ¡nunca se casó! El concepto de que yo ya era plena por medio del sacrificio perfecto de Jesús pasó de ser una idea teórica escrita en una hoja de papel en una vieja máquina de escribir a una realidad que observaba en televisión HD. Todo este proceso que viví por la misericordia de Dios me preparó para enfrentarme a la pregunta que más me ha costado responder en mi vida:

¿Qué pasaría si nunca me caso?

¿Qué sucedería si después de toda la espera, la desesperación, el sufrimiento, nunca estuvo en los planes de Dios que me casara? ¡Quizás había gastado años de vida sufriendo por algo que nunca iba a pasar! ¿Qué cuentas iba a rendirle a Dios al final de mi vida si había invertido mi tiempo y mi energía en lamentarme por algo que quizás no era su voluntad para mí? ¿Cómo justificaría el haber intercambiado el gozo de tenerlo por una vida esperando la bendición terrenal del matrimonio? Tuve que mirarme de frente al espejo y responder estas preguntas, que por muchos años no me había atrevido ni a considerar.

Fue difícil encontrar el valor para responderlas, pero inesperadamente hallé paz, justamente esa que sobrepasa todo entendimiento (Fil. 4:7). Cuando decidí enfrentarme a la posibilidad de nunca llegar a casarme, algo que se había convertido en mi más grande anhelo, el ídolo de mi corazón, recién pude entender que Dios me estaba dando libertad para por fin vivir una vida que tiene la confianza puesta en Él y no en la seguridad de un evento que anhelamos que suceda algún día.

Por primera vez, después de 15 años de vida cristiana, comprendí lo que significaba realmente *morir* a mí misma; y que en esa muerte era donde yo encontraría esa vida que tanto anhelaba (Mat. 16:15). Se trataba de una nueva vida en Cristo, en donde no *tenía* que pasar forzosamente algo para garantizar mi bienestar. Eso fue liberador. Finalmente comenzaba a entender que la vida abundante que nos ofrece Cristo no tenía que ver con los anhelos que tenemos, ni de que estos se cumplan, sino que se trata de lo que Él ya hizo a nuestro favor, una vez y para siempre. Jesús me había dado ya lo que más necesitaba e iba a necesitar por el resto de mi vida: Su salvación y un destino eterno seguro, donde a Su lado hay plenitud de gozo (Sal. 16:11).

No puedo dejar de decir que todo este proceso ocurrió por la pura misericordia de Dios en mi vida; no pudo ser de otra forma. Cuando comencé a experimentar la libertad real de *vivir* el evangelio, se produjo un cambio radical no solo en la forma en que veía el mundo a mi alrededor, sino también en mi relación con Dios. Cuando vivimos desde la abundancia de sabernos ya plenos, completos y seguros en Cristo, es cuando comenzamos una vida donde no nos importa estimar todas las cosas como pérdida, como basura, por conocerlo a Él (Fil. 3:8). Es así como podemos caminar en este mundo sin vivir con una angustia constante porque pretendemos que Dios «nos debe» algo que tarda en llegar. Por el contrario, entendemos que Él ya nos lo ha dado todo y por eso, vivimos con un genuino contentamiento y dispuestos a servirlo y compartir con otros de esa plenitud recibida por pura gracia en Cristo.

Este cambio radical en mi espíritu y en mi entendimiento me llevó a sentir que no podía callar lo que estaba finalmente comprendiendo ¡Cuántos años me había perdido de disfrutar todo lo que Dios estaba dándome por medio de mi salvación! Es que no solo era la promesa de mi vida futura con Él, sino tantas bendiciones que podía tocar con mis manos hoy mismo y que eran la prueba de Su amor y cuidado de mí. Siempre me arrepentiré del tiempo perdido sin disfrutarlo a Él durante mis años de soltería. Pero ahora el Señor me daba un nuevo comienzo y sabía que tenía que hacer algo con todo lo aprendido; tenía que compartir esto con otros solteros, otras personas que conocían a Cristo pero que se estaban perdiendo de todo lo que tenemos en Él por creer en la mentira de que necesitamos bendiciones terrenales como, en mi caso, el matrimonio, para vivir una vida cristiana plena.

Así fue como, a mis treinta años, grabé un video con mal sonido y terrible edición para YouTube, llamado *Soltera y cristiana... ¿a los treinta?* Ese video fue el comienzo de un ministerio en el que jamás pensé que tendría el honor de servir al Señor. Siguiendo la evidente guía del Espíritu Santo, comencé a descubrir muchas verdades en la Biblia que desmontan decenas de mitos sobre la soltería y el matrimonio que no solo se afirman en nuestra sociedad, sino que son muchas veces predicadas en las iglesias. Comencé a compartir regularmente en las redes sociales sobre lo que dice la Palabra en cuanto a nuestra plenitud y propósito, los cuales evidentemente no dependen de nuestro estado civil. También el Señor me permitió preparar mis primeros seminarios para solteros cristianos y poco a poco fue creciendo el número de personas interesadas en escuchar más sobre esta idea radical de que el matrimonio y la familia no son la pista de aterrizaje seguro del vuelo de nuestra vida. Solo Cristo es nuestro destino seguro.

Durante todo ese proceso conocí a mi esposo y me casé. Muchas personas, incluyéndome, pensaron que simplemente dejaría de enfocarme en hablar sobre la soltería porque ya entraba en una etapa diferente de mi vida. Pero después de casarme sentí todavía más urgencia por comunicar la verdad de la suficiencia de Cristo en la soltería. Claro que el matrimonio es una bendición maravillosa, pero al haber «cruzado al otro lado» podía decir con toda seguridad que casarse no era ni el comienzo ni el sentido de la vida cristiana.

El propósito de este libro no es decirte que permanecerás soltero o matar tus esperanzas al pedirte que dejes de orar porque ese anhelo tuyo nunca se hará realidad. Tampoco está escrito para animarte a que sigas viviendo *la espera*, exhortándote a que solo ores un poco más «porque pronto va a llegar tu bendición». Lo cierto es que no sé cuál es la voluntad específica de Dios para tu vida en este aspecto y es muy probable que tú tampoco tengas esa claridad. Mi intención, entonces, es que puedas descubrir el regalo que Dios te ha dado por medio de la soltería, por el tiempo que Él haya designado, sin perderte el gozo, la plenitud y el propósito que ya tienes entre tus manos, aunque no sepas lo que pasará con tu vida amorosa y muchos otros aspectos de tu existencia.

Crecer en confianza y dependencia de Dios es un escenario *win-win*, como se dice en inglés, en donde la única posibilidad es ganar. Si permaneces soltero el resto de tu vida, entonces podrás vivir esa soltería abundantemente y para

Su gloria. Si Dios te llama a casarte, entrarás a esa etapa desde la abundancia obtenida en Jesús y no desde la necesidad de lo que pareciera una vida incompleta. Esa realidad espiritual no solo te capacitará para ser un mejor cónyuge, sino para darle gloria a Dios en tu matrimonio. Tu soltería, tu matrimonio, tu vida, todos tienen que ver con Dios, y son de Él y para Él (Rom. 11:36). ¿No vale la pena entonces aprender a contentarnos, cualquiera sea nuestra circunstancia, tal como nos animaba Pablo mientras enfrentaba las más arduas persecuciones? (Fil. 4:11).

Oro para que este libro pueda ser un instrumento para que no solo los solteros, sino todos en el Cuerpo de Cristo en pleno, podamos entender el regalo de la soltería a la luz de la Biblia.

Para mí, la mejor forma de comenzar será estudiando a fondo 1 Corintios 7, en donde el regalo de la soltería se aborda como algo mucho más trascendente que solo ser el Plan B para los que no consiguieron con quien «casarse para no quemarse». En este pasaje, el apóstol Pablo exalta la soltería como un regalo equiparable al regalo del matrimonio. Es evidente que el matrimonio no es un logro, ni tampoco un premio que Dios les da a un grupo por ser mejores cristianos. En el mismo sentido, la soltería no es un castigo ni un problema que tenemos que resolver. No solo los solteros necesitan entender esta realidad, ¡cada miembro de la Iglesia de Cristo debe comprenderlo a cabalidad!

Continuaremos hablando acerca de los mitos de la soltería y el matrimonio. Hoy en día, pareciera que nuestra sociedad se sostiene sobre la base de mitos que no son cuestionados debido a su popularidad. Nuestra subcultura cristiana también cae en sostener algunos mitos con frecuencia. Tendemos a suponer como ciertas afirmaciones que no tienen ningún asidero en la Palabra de Dios y, sin embargo, las enseñamos en nuestras familias y en nuestras congregaciones como si estuvieran incluidas en alguna epístola del Nuevo Testamento.

Me refiero a ideas profundamente populares como «no te has casado porque aún te falta entregarle el deseo a Dios»; «tu problema es que eres demasiado exigente» o el muy famoso «cuando menos lo esperes, es cuando Dios enviará a tu esposo/esposa», entre muchos otros mitos relacionados con este tema. El problema con estas afirmaciones no es únicamente su falsedad (al menos parcial), sino que se enseñan y se suponen casi como verdades bíblicas, y causan un daño tremendo en el corazón del soltero, y añaden frustración, carga y una expectativa inexacta sobre lo que este debería hacer o ser para resolver el dilema. Pero lo más grave de los mitos más populares sobre la soltería es la potencialidad que tienen de afectar nuestra relación con Dios.

Si por casualidad te has topado con alguno de mis videos en YouTube o alguna publicación de mi cuenta de Instagram, es casi seguro que sabes que tengo un gran problema con la decisión colectiva que hemos tomado como Iglesia de llamar a la soltería «la espera». Quizás muchos pensarán que es una definición totalmente inofensiva; después de todo, sí estamos esperando para que Dios nos provea esa ayuda idónea o ese hombre que será cabeza de nuestro hogar, ¿no es cierto?

El problema con el concepto de «espera» es que, por lo general, no asociamos nuestras esperas a regalos. Una espera suele ser más ese tiempo incómodo en el que aguardo paciente —o impacientemente— aquello que considero tan importante que solo comenzaré a disfrutar o a vivir de verdad cuando por fin llega a mi vida. Por llamarlo «la espera» o por ponerse en «modo espera», muchas personas viven impacientes y hasta desesperadas durante el tiempo que el Señor quiso darles como un regalo temporal o permanente.

La idea de la espera genera un efecto psicológico mucho más poderoso de lo que reconocemos, porque la soltería se ve como una transición, ese tiempo pasivo entre bastidores hasta que comience el verdadero espectáculo ¡Con razón hay tantas personas solteras frustradas al sentir que su «espectáculo» y su vida no comienzan del todo porque no tienen una pareja! Mi deseo es que me acompañes a descubrir cómo dejar de *esperar*.

Otro aspecto que abordaremos en este libro es la falsa creencia de que la soltería es comparable con una vida en soledad. ¿Es la soledad el destino del cristiano soltero y el matrimonio su antídoto? La respuesta la encontraremos en la Biblia y es muy probable que te sorprenda lo que las Escrituras nos revelan. Ese fundamento bíblico me permitirá hablar de la cruda realidad de nuestras creencias como Iglesia sobre el matrimonio. Es posible que esto llegue a incomodar a muchos porque hemos convertido al matrimonio en un ídolo, y le hemos atribuido el poder de sanar nuestra soledad, darnos propósito, identidad, relevancia y plenitud. Esto no es algo que suponen solo los solteros, sino que es algo que se enseña en muchas congregaciones y se imparte como principio en discipulados y ministerios. Los líderes y los pastores, así como el resto de la iglesia, también son responsables en cuanto a lo que se enseña sobre la soltería y el matrimonio, pasando por el peso que se le da a un estado civil por encima del otro, hasta llegar al deber de enseñar correctamente sobre la suficiencia de Cristo en cualquier etapa en que se encuentre el cristiano.

También es importante conversar sobre la influencia que genera la presión social que reciben muchas personas solteras. Aunque la mayor parte del tiempo esa presión viene con buenas intenciones, termina siendo otra de las cargas innecesarias para el soltero que, de por sí, ya lucha con diversos retos inherentes a su situación. Esto ha llevado a muchos a tratar de proveer para sí mismos aquello que Dios no ha provisto, y flexibilizan principios y valores, y con frecuencia se unen a personas que no son creyentes o que lo son «a su manera».

La mayor parte del tiempo, estas decisiones terminan afectando profundamente la relación y el caminar con Dios. De igual manera, la presión social en la soltería ha llevado a muchos creyentes a cuestionar su valor como hijos de Dios, a renegar incluso de su propio crecimiento espiritual o profesional por escuchar que esas cualidades «los hacen inalcanzables». Esto no tendría por qué ser así y abundaré sobre esto en uno de los capítulos. Sin duda creemos que Dios sí sabe cuáles son las mejores cosas para cada uno de Sus hijos. El problema radica en que, como sociedad, nos hemos tomado la libertad de definir cuáles son esas mejores cosas que Dios nos puede dar, olvidando que Él las define para nosotros en Su infinito amor y sabiduría.

La presión social, junto con el resto de las luchas en la soltería, puede ser un detonante que impulsa al soltero a rebelarse y buscar desesperadamente aquello que siente que Dios no le ha provisto. Es aquí cuando el peligro del yugo desigual se asoma y termina afectando la vida del creyente de una forma significativa. Por eso, dedicaremos un capítulo completo a este relativizado y discutido tema.

Tampoco dejaremos de hablar sobre el tema de la sexualidad del soltero, un aspecto lamentablemente relegado en algunas congregaciones, pero tan urgente en la vida del soltero. Estudiaremos el indeseado don de soltería o continencia presentado por Pablo en 1 Corintios 7:9 y nos adentraremos en las realidades con las que muchos solteros cristianos luchan en el área sexual.

Todo lo que veremos me llevará a plantearte la pregunta que me tocó hacerme a mí misma hace algunos años, esa que, aunque es dura para muchos, me trajo una gran libertad porque provino de la verdad que nos hace libres: ¿qué pasa si nunca te casas? ¿Es que Dios ha incluido en Su Palabra una garantía absoluta o un estatus especial para el matrimonio? ¿Gozamos de un derecho ante Dios que lo obliga a tener que casarnos y que nos da la autoridad para poder reclamarle: «Señor, ¿dónde está mi esposo/esposa?».

La soltería, como todas las etapas de la vida, tiene retos inherentes a ese estado que prueban la fe y la fidelidad del cristiano. Como en cualquier etapa, muchos se encuentran con la tentación de desenfocar los ojos de Jesús para ponerlos en sus circunstancias y esto puede llegar a tener consecuencias significativas en su vida y en su caminar con Dios.

He visto a tantos alejarse de una iglesia local debido a que no encajan por no estar casados o comenzar relaciones con personas que no siguen a Cristo porque piensan que eso es preferible a «quedarse solos». De esa manera terminan desviándose del camino y de la vida que les fue dada como un don de Dios. El mayor peligro para ellos no es nunca llegar a casarse; ni siquiera casarse con la persona equivocada, sino uno que trasciende nuestra vida terrenal: dejar de lado la plenitud y la suficiencia de Cristo en nosotros, la cual se nos ofrece hoy por gracia y no por alcanzar un estado civil determinado.

De modo que, con todo mi corazón, quiero invitarte a unirte en este camino de descubrimiento de los tesoros que ya te han sido dados por pura gracia: la plenitud que viene del Creador de todo, la paz que sobrepasa todo entendimiento, el gozo inexplicable de tenerlo y la vida abundante por la que no necesitas esperar más porque ¡Jesús es suficiente para ti, hoy!

CAPÍTULO I

UNA NUEVA VISIÓN DE LA SOLTERÍA

1 Corintios 7

ENTRE LA ESPADA Y LA SOLTERÍA

«"Mejor es casarse, que quemarse" son palabras de Pablo, Clara», dijo mi amigo en ese café de Caracas, al compartirme la noticia de que se había comprometido con su novia. «¡Felicidades!», le respondí. De verdad estaba contenta por ellos, pero no pude evitar preguntarme si ese evento tan celebrado del matrimonio acaso significaba más que un camino obligatorio para evitar «quemarnos» por nuestro deseo sexual. No pude dejar de pensar en mi soltería indeseada a los veintiocho años y en que todo indicaba que iba a «quemarme» si no llegaba una persona a mi vida pronto. Estaba realmente agotada de tanto esperar por el esposo que Dios tenía para mí, esperar en los tiempos de Dios, esperar por la vida que anhelaba.

Unos días más tarde, escuché una prédica sobre la bendición del matrimonio, basada en Efesios 5:22-33 y en algunos pasajes de 1 Corintios 7. Fue una buena prédica sobre la exaltación del matrimonio como una institución sagrada, los deberes conyugales y la importancia de la fidelidad. El predicador desarrolló la idea de cómo el matrimonio es un llamado radical para los cristianos en el mundo de hoy y formar una familia puede ser la mejor forma de glorificar a Dios en estos tiempos.

Los cinco minutos finales de la prédica estuvieron dedicados a la soltería, para hacer una breve referencia a un par de versículos del pasaje de Corintios:

> «el no casado se preocupa de las cosas del Señor, de cómo agradar al Señor; pero el casado se preocupa de las cosas de la vida, de cómo ha de agradar a su esposa» (1 Cor. 7:32-33, RVA).

El predicador terminó explicando que aquellos que sentían el llamado a servir a Dios podían pensar en la soltería como una opción, pero si realmente queríamos vivir una vida de testimonio radical para el mundo, entonces el matrimonio era el llamado para la mayoría de nosotros. Este era el tipo de enseñanzas sobre la soltería y el matrimonio que encontraba repetida una y otra vez en prédicas, en la conversación general de la iglesia, en conferencias y en libros. No puedo negar que me dejaba profundamente frustrada.

Una verdad a medias

El capítulo 7 de la Primera Carta a los Corintios es la referencia bíblica automática que se suele ofrecer cuando alguien plantea en la iglesia preguntas sobre la soltería. No obstante, por algún motivo, la mayor parte del énfasis se ha puesto en algunos versículos y frases (por ejemplo, «si no se tiene el don de continencia, es mejor casarse para no quemarse», o que «el soltero se preocupa de las cosas del Señor») que se repiten sin mayor contexto ni profundidad. Esto ha hecho que nuestro entendimiento de los temas establecidos por Pablo respecto a la soltería carezca de la consideración de otros aspectos tremendamente relevantes a los que Pablo hizo alusión en ese pasaje.

La enseñanza incompleta de ese capítulo es tan popular, que pienso que para muchos ha perdido significado y por eso lo entendemos y aplicamos sin exactitud. De hecho, para muchos (yo estuve entre ellos), 1 Corintios 7 no pareciera ser un pasaje particularmente alentador durante la soltería, aunque a muchos les dé vergüenza reconocerlo. Recuerdo haber pensado en una ocasión: «Señor, si esto es lo único que tienes que decirnos a los solteros... ¡no me sorprende que tantos de nosotros no queramos estar solteros!».

La mayoría de las enseñanzas a las que tuve acceso y que aún escucho en prédicas entienden el consejo de Pablo con respecto a la soltería y el don asociado a la misma (1 Cor. 7:9), como si estuviera reservado para quienes tienen un llamado a la castidad y experimentan *un deseo extraordinario* de servir a Dios en una iglesia o en el campo misionero. El resto de los mortales está llamado a casarse y mientras más pronto, mejor.

El mensaje que es común denominador en estas interpretaciones del capítulo 7, es que solo puede vivir contento con la soltería (temporal o permanente) el cristiano que no siente en su corazón ningún deseo, excepto el de servir a Dios. Esto en el papel suena muy espiritual, pero para la mayoría de nosotros no es realista porque la vida cristiana tiene mucho que ver con la lucha por someter nuestros múltiples deseos a la obediencia a Cristo. Por lo tanto, no existe una ausencia de deseos. El perfil del soltero que se nos presenta a través de la interpretación incompleta del consejo de Pablo es uno que la mayoría de nosotros ha percibido como poco común, aburrido o inaplicable a nuestras vidas. En conclusión, si no somos como ese mártir cristiano que tiene un llamado excepcional a la castidad, entonces tendremos que orar para salir de la soltería lo antes posible... para no quemarnos.

Lo que quisiera recalcar es la importancia de poder interpretar con fidelidad un pasaje y no solo seguir una línea de pensamiento enseñada por mucho tiempo. Si no entendemos el verdadero significado de este pasaje y lo enseñamos con otro sentido diferente al planteado por el Señor, su contenido terminará pareciendo irrelevante porque no cumplirá su propósito vital y será frustrante para el soltero que lucha con la soledad, la suficiencia (propia y de Cristo) y la incertidumbre.

Pero lo cierto es que estas conclusiones enseñadas o predicadas de forma tradicional y con tanta frecuencia en nuestras iglesias no son a las que nos lleva este capítulo de Corintios. Entender la soltería como una opción residual, únicamente viable cuando las circunstancias no te dejan más remedio, no pareciera ser la intención de Pablo, quien, más bien, busca que entendamos la soltería no solo como un gran regalo, sino que el propósito que nos ha dado Jesús trasciende a la persona que nos pueda dar un estado civil o jurídico diferente al que ya tenemos.

Si nos quedamos con la idea de la soltería como algo secundario, entonces pareciera que muy pocas personas podrían tomarse en serio la opción de quedarse solteros de forma permanente porque mientras vivan su soltería, este estado será un problema que será visto como algo que debe resolverse o evitarse a casi cualquier costo. Si lo que Pablo enseña se limitase a «mejor es casarse que quemarse» y que la soltería es solo la opción para quienes se ven como futuros mártires de la fe, el panorama sería honestamente desalentador. El panorama de la soltería resulta desalentador para muchos, producto de estas creencias e interpretaciones equivocadas.

En este primer capítulo quisiera invitarte a que consideres la posibilidad de que quizás hayas estado creyendo las conclusiones que se desprenden de una lectura incompleta de este capítulo. Si sientes que la soltería es como un castigo, un problema o una identidad de la que tienes que salir corriendo, es posible que te pueda ayudar a hacer una revisión de lo que has entendido sobre este pasaje bíblico.

UNA CONTEXTUALIZACIÓN NECESARIA

Lo que nos hemos estado perdiendo en 1 Corintios 7

Debo advertirte que en este capítulo nos ocuparemos de un estudio medianamente detallado de este pasaje y aunque el estudio bíblico exegético no será el tono del resto del libro resulta vital hacer este ejercicio para caminar juntos en la verdad sobre la soltería en la vida cristiana en el resto de los capítulos de este libro. ¡Te garantizo que te sorprenderás de los tesoros que hallaremos aquí!

Si disfrutabas las clases de historia en el colegio o en la universidad, lo que observaremos a continuación te va a gustar. Pero si eres de los que se aburrían con estos temas, igual te garantizo que comprender la perspectiva y contexto histórico de este capítulo será absolutamente útil y clave para disfrutar del gozo que esta verdad nos trae como cristianos, ya sea que seamos solteros o estemos casados.

Quisiera comenzar con la aceptación de un hecho incómodo: no se trata de un capítulo fácil, tanto por la manera en que fue escrito como por los temas que aborda. Por lo tanto, no debe ser interpretado a la ligera, como tampoco lo hacemos en nuestro acercamiento al resto de la Biblia. William M. Ramsay decía del capítulo 7 que «no hay muchos pasajes escritos por Pablo que hayan generado visiones tan divergentes e incorrectas como este pasaje».[1] Al ser la discusión sostenida más larga en el Nuevo Testamento sobre la soltería y el matrimonio,[2] es sorprendente lo mucho que solemos desconocer y hasta tergiversar este importante pasaje.

Una de las primeras consideraciones que necesitamos tener en cuenta con respecto a esta carta es que Pablo había recibido, a través de comunicaciones anteriores no registradas, preguntas específicas sobre problemas y dudas concretas que tenían los creyentes de Corinto que el apóstol busca contestar en esta carta. Esto lo sabemos porque Pablo mismo comienza este capítulo indicando: «En cuanto a las cosas de que me escribieron...» (v. 1).

La carta trata múltiples temas en donde Pablo busca exhortar, consolar y responder las inquietudes de una iglesia naciente que lidiaba con múltiples retos espirituales, religiosos, éticos, culturales y sociales. Su audiencia era mixta (la iglesia estaba conformada por gentiles y judíos, pero era predominantemente gentil). Corinto era una ciudad importante dentro del Imperio romano y que los destinatarios de esta carta pertenecieran a una cultura grecorromana es un dato de absoluta relevancia para interpretar correctamente los consejos paulinos. En nuestro caso, esto se debe a que la visión grecorromana de la soltería, el matrimonio y la sexualidad le daba mucho sentido a las dudas y los conflictos que los corintios plantearon a Pablo. Esta perspectiva pagana de la vida era la que seguramente coexistía con la visión judía sobre los mismos temas, y generaba confusión en esas iglesias nacientes.

La visión del matrimonio en el Imperio romano estaba formada por lo que el derecho romano determinara y al mismo tiempo, por obvias circunstancias históricas, era una institución influenciada además por lo que las distintas corrientes filosóficas griegas afirmaban sobre el matrimonio. La Grecia antigua concebía al matrimonio como un acto orientado a producir herederos que pudiesen ser presentados a la sociedad (el clan y la *deme*[3]). Debía realizarse con una mujer respetable en términos del estrato al cual pertenecía el varón. Por otra parte, se encontraban las categorías socialmente aceptadas de amantes,

---

[1] Ramsay, William M., *Comentario histórico sobre las epístolas a los corintios* (1900) pág. 283. Traducción propia.

[2] Danylak, Barry. *Redeeming Singleness* (2010). pág. 174. Traducción propia.

[3] En la antigua Grecia, deme se refería a una división político-administrativa dentro de Atenas.

a quienes se las mantenía por placer y, por último, las concubinas, tomadas como sirvientas para el cuidado diario del hombre. Pero eran las esposas quienes debían producir hijos legítimos y ser fieles guardianas de los hogares griegos.[1]

La visión griega del matrimonio giraba en torno a la concepción de hijos y por eso se debía escoger a la esposa que pudiese producir los mejores herederos. Barry Danylak, en su libro *Redeeming Singleness [Redimamos la soltería]*, plantea que la visión grecorromana del matrimonio pudo también haber estado influenciada por la mitología griega sobre el origen del hombre y la mujer, la cual constrastaba demasiado con la narrativa que encontramos en el Génesis de la Torá judía.[2] El poeta griego Hesíodo planteaba que la creación de la mujer era el resultado de que el dios Prometeo le robara el fuego a Zeus para dárselo a la humanidad, por lo cual este último decide vengarse creando a la mujer, quien sería descrita por Hesíodo como un «bello mal».[3]

Por otra parte, en el año 18 a. C., el emperador romano Augusto adoptó la *Lex Julia de Maritandis Ordinibus*,[4] una ley que promovía el matrimonio de ciudadanos romanos, y proveía incentivos a los casados y sanciones a los hombres que permanecían solteros. La sanción de esta ley no estuvo motivada por alguna idea emocional o religiosa sobre el matrimonio, sino por una política que se estimó necesaria en virtud del declive de las tasas de natalidad de la época.

Toda esta cosmovisión (mitológica, filosófica, social, cultural y jurídica) grecorromana sin duda influenciaba a la iglesia de Corinto al momento de plantear las preguntas que hicieron que el apóstol Pablo contestara en la carta y especialmente en el capítulo que estamos estudiando.

Tal como se evidencia a lo largo de las dos cartas dirigidas a los corintios, los miembros de esta iglesia luchaban con el problema de la inmoralidad sexual

---

[1] Demóstenes, *Neaer / Oraciones*. Traducción al inglés de A.T. Murray, LCL (Cambridge: Harvard University Press, 1939), 445-47. Traducción al español propia.

[2] Danylak, Barry. *Redeeming Singleness*. (2010) pág. 186. Traducción propia.

[3] Hesíodo, *Teogonía de Hesíodo*, pág. 40. https://www.descubrelima.pe/wp-content/uploads/2020/08/Teogon%C3%ADa.pdf consultado el 29 de junio de 2021.

[4] Giltaij, Jacob. *Lex Iulia de Maritandis Ordinibus* https://oxfordre.com/classics/view/10.1093/acrefore/9780199381135.001.0001/acrefore-9780199381135-e-8270 consultado en línea 13 de julio de 2021.

y la influencia que la cultura tenía sobre ellos: «El problema más serio de la iglesia de Corinto era su mundanalidad, la falta de voluntad para divorciarse de la cultura a su alrededor. La mayoría de los creyentes no podía separarse de forma consistente de sus viejos caminos, egoístas, inmorales y paganos. Para Pablo era necesario escribir para corregir esto».[1] Esa es la razón por la que la exhortación a lidiar con el pecado sexual y a huir de la fornicación es un tema constante a lo largo de las dos cartas que Pablo dirige a los corintios.

Es a la luz de esta mezcla de creencias, influencias, tradiciones y luchas morales que se encontraban en la iglesia de Corinto, que se plantean las preguntas que Pablo busca responder en el capítulo séptimo de esta carta. Es imperativo que tomemos en cuenta que el apóstol buscaba responder no solo a las preguntas concretas, sino a estos problemas y conceptos que amenazaban la santidad y la unidad de la iglesia de Corinto. No se ha podido establecer con exactitud cuáles fueron las preguntas (¿quizás una sola pregunta?) que los corintios plantearon a Pablo y que él busca responder en su carta. Solo podemos inferir la temática, tomando en cuenta el contexto y el desarrollo del argumento paulino a lo largo del capítulo.

LA VERDAD DE 1 CORINTIOS 7: UNA QUE TRAE GOZO Y LIBERTAD

Si bien no haremos un estudio bíblico exhaustivo, versículo por versículo, ya que no es ese nuestro objetivo principal, voy a invitarte a observar con detenimiento varios temas que Pablo aborda. Me guiaré por la división estructural del capítulo que propone Danylak[2] y desde esa perspectiva nos iremos acercando a este pasaje:

1. **Asuntos preliminares sobre el matrimonio, que probablemente eran la respuesta directa a las preguntas de los corintios (vv. 1-7).**

   «En cuanto a las cosas de que me escribieron, bueno es para el hombre no tocar mujer. No obstante, por razón de las inmoralidades, que cada

---

[1] MacArthur, John. *Introducciones a la Biblia: Comentario bíblico sobre 1 Corintios 7*. Grace To You, (2007) https://www.blueletterbible.org/Comm/macarthur_john/bible-introductions/1corinthians-intro.cfm?a=1069001 consultado en línea el 19 de julio de 2021.
[2] Danylak, Barry. *Redeeming Singleness*. (2010) pág. 193. Traducción propia

uno tenga su propia mujer, y cada una tenga su propio marido. Que el marido cumpla su deber para con su mujer, e igualmente la mujer lo cumpla con el marido. La mujer no tiene autoridad sobre su propio cuerpo, sino el marido. Y asimismo el marido no tiene autoridad sobre su propio cuerpo, sino la mujer. No se priven el uno del otro, excepto de común acuerdo y por cierto tiempo, para dedicarse a la oración. Vuelvan después a juntarse, a fin de que Satanás no los tiente por causa de falta de dominio propio. Pero esto lo digo por vía de concesión, no como una orden. Sin embargo, yo desearía que todos los hombres fueran como yo. No obstante, cada cual ha recibido de Dios su propio don, unos de una manera y otros de otra».

El regalo de la soltería

Se ha discutido mucho si es que Pablo, al decir que *es bueno* no tocar mujer, implicó que era bueno no casarse y mantenerse célibe de por vida o si más bien se refería a la importancia de no mantener relaciones sexuales extramaritales. Veamos algunas traducciones bíblicas y la forma en que lo han traducido:

«*sería bueno* para el hombre no tocar mujer» (RVR1960).
«*es mejor* no tener relaciones sexuales» (NVI).
«sería *preferible* no casarse» (DHH).

Lo destacable de este pasaje tiene que ver con el reconocimiento del único contexto dentro del cual la vida sexual es aceptable: el matrimonio entendido en términos de monogamia y fidelidad, una visión que se aleja por completo de la visión grecorromana. Pablo además resalta el disfrute de las relaciones sexuales dentro del matrimonio no solo como una expresión de la unión conyugal, sino como una forma de guardarse de la tentación de la inmoralidad sexual.

Pablo nos clarifica en la última parte de esta sección que el matrimonio no es un mandamiento obligatorio ya que manifiesta su deseo de que los hombres permanezcan solteros como él. Pero luego reconoce que el permanecer de una forma (soltero y célibe) o de otra (casado), puede ser, en ambos casos, un don de Dios. De hecho, la palabra concreta utilizada por Pablo es *charisma*, que significa favor recibido sin mérito alguno, un regalo en todo el sentido de la palabra. Es la misma palabra que Pablo usa para hablar en otros momentos de los dones espirituales, de la misma salvación y de aquello que nos capacita sobrenaturalmente para servir mejor a la Iglesia (1 Corintios 12, Romanos 12). Pablo afirma de una manera muy clara que ambas situaciones, el matrimonio y la soltería, son un *charisma*, un regalo que proviene de Dios, quien decide de forma soberana si se los dará y cuándo se los dará a sus hijos. ¿Te habías planteado alguna vez que tu soltería es realmente un regalo que viene de tu Padre bueno?

2. **Las previsiones generales de Pablo sobre el matrimonio (matrimonio entre creyentes y matrimonios mixtos: de un creyente y un no creyente), no sin antes dirigirse brevemente a dos grupos: los solteros y las viudas (vv. 8-16).**

«Digo, pues, a los solteros y a las viudas, que bueno les fuera quedarse como yo; pero si no tienen don de continencia, cásense, pues mejor es casarse que estarse quemando.

Pero a los que están unidos en matrimonio, mando, no yo, sino el Señor: Que la mujer no se separe del marido; y si se separa, quédese sin casar, o reconcíliese con su marido; y que el marido no abandone a su mujer. Y a los demás yo digo, no el Señor: Si algún hermano tiene mujer que no sea creyente, y ella consiente en vivir con él, no la abandone. Y si una mujer tiene marido que no sea creyente, y él consiente en vivir con ella, no lo abandone. Porque el marido incrédulo es santificado en la mujer, y la mujer incrédula en el marido; pues de otra manera vuestros hijos serían inmundos, mientras que ahora son santos. Pero si el incrédulo se separa, sepárese; pues no está el hermano o la hermana sujeto a servidumbre en semejante caso, sino que a paz nos llamó Dios. Porque ¿qué sabes tú, oh mujer, si quizás harás salvo a tu marido? ¿O qué sabes tú, oh marido, si quizás harás salva a tu mujer?» (RVR1960).

Un consejo práctico

Pablo repite la expresión «*es bueno*» para indicar que no estar casado puede considerarse como una buena circunstancia. El principio, que veremos repetirse a lo largo de este capítulo, es que es posible vivir contentos en la soltería, sin intentar modificar nuestra situación. Pero luego, a partir del versículo 9, Pablo reconoce la realidad de la existencia de la tentación sexual y dado que existe la opción entre caer en inmoralidad sexual o casarse, la elección debería ser casarse.

Esta recomendación debe también ser vista a la luz de las prácticas sexuales inmorales que ocurrían dentro de esta iglesia. Pablo hace alusión a «una inmoralidad tal como no existe ni siquiera entre los gentiles, al extremo de que alguien tiene la mujer de su padre» (1 Cor. 5:1 RVR1960). Ya que se trataba de una iglesia que aún caminaba en muchas de las depravaciones y distorsiones de la cultura circundante, Pablo presenta una previsión que buscaba establecer que el único marco aceptable para las relaciones sexuales era el matrimonio.

Los versículos restantes de esta sección tienen que ver con posibles preguntas planteadas a Pablo o quizás aclaraciones que él estimó necesarias en cuanto al matrimonio. Lo primero que destaca es que el divorcio no debería ser una opción para el seguidor de Cristo, pero que, si se diera por alguna razón, no debería haber un nuevo matrimonio. Esto coincide con las palabras de Jesús sobre ser una sola carne (Mat. 19). Pablo agrega una instrucción particular para los creyentes que tienen matrimonios mixtos (con un no creyente). Ellos tampoco deben buscar modificar su situación, sino continuar en el matrimonio porque el cónyuge creyente puede llegar a ser usado para santificar a su cónyuge y a su familia.[1]

3. **Los principios más relevantes para el estudio sobre el *charisma* de la soltería se basan en que en Jesús hemos sido hechos completamente libres y plenos (vv. 17-24).**

«Pero cada uno como el Señor le repartió, y como Dios llamó a cada uno, así haga; esto ordeno en todas las iglesias. ¿Fue llamado alguno siendo circunciso? Quédese circunciso. ¿Fue llamado alguno siendo incircunciso? No se circuncide. La circuncisión nada es, y la incircuncisión nada es, sino el guardar los mandamientos de Dios. Cada uno en el estado en que fue llamado, en él se quede. ¿Fuiste llamado siendo esclavo? No te dé cuidado; pero también, si puedes hacerte libre, procúralo más. Porque el que en el

---

[1] Cabe destacar que el caso que plantea Pablo es el de los creyentes que se convirtieron siendo ya adultos, que ya habían conformado un matrimonio y una familia. No se refiere al caso del creyente que elige voluntariamente unirse con un no creyente en yugo desigual; para ello la instrucción de abstenerse de este tipo de uniones es inequívoca y es reforzada por este mismo capítulo (v. 39, 2 Cor. 6:14).

Señor fue llamado siendo esclavo, liberto es del Señor; asimismo el que fue llamado siendo libre, esclavo es de Cristo. Por precio fuisteis comprados; no os hagáis esclavos de los hombres. Cada uno, hermanos, en el estado en que fue llamado, así permanezca para con Dios». (RVR1960).

La suficiencia de Jesús... tal y como estás

El apóstol está presentando un principio aplicable tanto a las relaciones humanas, el estado civil, las condiciones legales y también las religiosas (tomando en cuenta que en el Derecho romano, ser esclavo era una condición jurídica frente al amo y al Imperio, o la diatriba existente sobre la circuncisión judía): Permanece tal y como estás. Ya que se trataba de un principio que quería enseñarles a todos fuera cual fuera su condición, le dice al esclavo: «si puedes cambiar esa condición jurídica, hazlo».

Más adelante, conectará lo anterior e indicará que quien quiera cambiar su situación (casándose), no peca (vv. 28, 36). Pero volviendo al tema de la esclavitud, fíjate que no destaca la libertad de esa esclavitud como un fin en sí mismo, sino que les recuerda que lo importante es la vida con Dios y el llamado que Él nos hace. Del mismo modo, lo verdaderamente importante no es si permanecemos solteros o si nos casamos, sino que lo importante es lo que Jesús ya hizo por nosotros porque ahora en Él somos libres y Él es suficiente. No necesitamos cambiar nuestra condición para ser más completos o para alcanzar un gozo que ya es nuestro en Cristo.

El consejo de Pablo de continuar viviendo en la situación en la que Dios nos encontró se repite a lo largo de este pasaje. **¿Crees que Pablo afirmaría esto si no supiese que es posible vivir la soltería con plenitud?** Vamos a buscar comprender un poco más de este consejo de Pablo a continuación.

4. **Pablo provee aún más argumentos de fuerza para estimar a la soltería como un regalo y un estilo de vida completamente viable para el cristiano (vv. 25-40):**

   «En cuanto a las vírgenes no tengo mandamiento del Señor; mas doy mi parecer, como quien ha alcanzado misericordia del Señor para ser fiel. Tengo, pues, esto por bueno a causa de la necesidad que apremia; que hará bien el hombre en quedarse como está. ¿Estás ligado a mujer? No procures soltarte. ¿Estás libre de mujer? No procures casarte. Mas también si te casas, no pecas; y si la doncella se casa, no peca; pero los tales tendrán aflicción de la carne, y yo os la quisiera evitar. Pero esto digo, hermanos: que el tiempo es corto; resta, pues, que los que tienen esposa sean como si no la tuviesen; y los que lloran, como si no llorasen; y los que se alegran, como si no se alegrasen; y los que compran, como si no poseyesen; y los que disfrutan de este mundo, como si no lo disfrutasen; porque la apariencia de este mundo se pasa.

Quisiera, pues, que estuvieseis sin congoja. El soltero tiene cuidado de las cosas del Señor, de cómo agradar al Señor; pero el casado tiene cuidado de las cosas del mundo, de cómo agradar a su mujer. Hay asimismo diferencia entre la casada y la doncella. La doncella tiene cuidado de las cosas del Señor, para ser santa así en cuerpo como en espíritu; pero la casada tiene cuidado de las cosas del mundo, de cómo agradar a su marido. Esto lo digo para vuestro provecho; no para tenderos lazo, sino para lo honesto y decente, y para que sin impedimento os acerquéis al Señor.

Pero si alguno piensa que es impropio para su hija virgen que pase ya de edad, y es necesario que así sea, haga lo que quiera, no peca; que se case. Pero el que está firme en su corazón, sin tener necesidad, sino que es dueño de su propia voluntad, y ha resuelto en su corazón guardar a su hija virgen, bien hace. De manera que el que la da en casamiento hace bien, y el que no la da en casamiento hace mejor.

La mujer casada está ligada por la ley mientras su marido vive; pero si su marido muriere, libre es para casarse con quien quiera, con tal que sea en el Señor. Pero a mi juicio, más dichosa será si se quedare así; y pienso que también yo tengo el Espíritu de Dios». (RVR1960).

Realidades y el consejo de vivir aferrados a Cristo

Tengo que ser muy sincera porque para mí es un completo misterio por qué esta porción final del capítulo no es más conocida y enseñada en lo que respecta a la soltería y las relaciones. Quisiera pedirte que te detengas unos segundos y vuelvas a leer esa porción para que puedas apreciar el tesoro que Dios nos está revelando en estos versículos antes de continuar reflexionando juntos.

Lo primero que podemos resaltar es que Pablo aclara que no ha recibido un mandamiento explícito de parte de Dios en el tema. Esto quiere decir que Dios no ha dejado un mandato absoluto que diga que todos deben casarse, ni tampoco de que deben permanecer solteros. Estamos frente a una opción para la cual tenemos **libertad en Cristo**.

Es interesante este abordaje porque contrasta con un mensaje común en la iglesia de América Latina que a veces sitúa a los jóvenes (en especial a las señoritas) en una posición de «espera» con respecto a un matrimonio que se presenta como necesario. En los peores casos, hay corrientes que «reprenden» la soltería como si fuese una maldición y como si no hubiese ninguna opción de vida diferente al matrimonio. Pero la Palabra nos revela el regalo divino de la soltería y nos anima a pensar diferente.

En segundo lugar, después de que Pablo manifiesta su preferencia personal por la soltería, repite la instrucción de no intentar cambiar nuestra situación (vv. 26-28), animando a los casados a quedarse como están y que los solteros no procuren casarse, y deja siempre claro que no es pecaminoso ni indebido contraer matrimonio. Pablo estaba siendo tremendamente práctico al afirmar que era mejor quedarse en el estado que cada uno estaba producto de las presiones de la vida en ese momento.[1] Vemos en muchas otras secciones de la Biblia cómo Dios bendice el matrimonio y la formación de la familia, lo cual en ningún momento implica que Él no bendice a quienes permanecen solteros.

Considero los versículos siguientes como centrales en la formación de una teología bíblica sobre la soltería y, en general, sobre cómo vivir una vida que permanece en Jesús (vv. 29-32). Pablo presenta un llamado evidente a vivir sin

---

[1] Algunos comentaristas bíblicos se inclinan a interpretar el versículo 26 como una afirmación de la visión escatológica de Pablo, quien presuntamente pensaba que el regreso de Jesús sería tan inminente que lo verían sus ojos. Por ello, en algunas traducciones bíblicas del versículo 26 indica que es mejor permanecer soltero en vista «de la necesidad que apremia» (RVR1960), mientras que otra traducción la formula como «la presente aflicción» (NBLA).

ninguna atadura a este mundo, ¡ni siquiera a aquellas que son buenos regalos de Dios! En ese sentido se incluye al matrimonio, a los que ríen, a los que lloran y a los que compran: **ningún seguidor de Cristo debería ser absorbido por nada de este mundo; ni por sus lágrimas, ni su alegría ni sus posesiones; ni siquiera por el matrimonio**. Esta afirmación no es un llamado a los casados para desentenderse de sus responsabilidades familiares ni es una prohibición para eliminar las sensaciones de alegría o tristeza. No, es más bien una invitación a vivir estimando como pérdida todas las cosas en vista del incomparable valor de conocer a Cristo Jesús, nuestro Señor (Fil. 3:8). Más que una instrucción para elevar la soltería o el matrimonio, Pablo va más allá y nos hace ver en este pasaje que la vida, con todas sus preocupaciones y afanes no debe quitarnos la vista de lo importante: Vivir para Dios y para Su obra.

El apóstol Pablo desarrolla varias ideas a partir del versículo 33 sobre la realidad del matrimonio y las implicaciones de la vida doméstica común. Explica lo que puede considerarse bastante lógico y evidente: la vida matrimonial añade ocupaciones a nuestra vida. Pablo nos recuerda que el consejo sabio que nos entrega es para nuestro propio beneficio, no para establecer un mandato de casarnos o no permanecer solteros, porque lo más importante es hacer **todo lo que nos ayude a glorificar y servir mejor al Señor**, y esta es la referencia más clara para nuestra motivación en el tema de la soltería y las relaciones.

El capítulo concluye con la ratificación de que existe libertad para escoger la vida de solteros y la vida matrimonial (vv. 36-40). Observamos aquí una instrucción dada a los padres de familia sobre la soltería o el matrimonio de sus hijas, decisión que les correspondía a ellos por el contexto cultural en el que se encontraban en esos tiempos, pero donde lo que destaca es el principio de que quien decide casarse en el Señor (con otro creyente), no se encuentra en pecado ni desobedeciendo a Dios. Esta termina siendo una afirmación tremendamente importante cuando recordamos la visión negativa del matrimonio que era común en el Imperio romano; podemos glorificar a Dios casándonos y Pablo en otra carta describe cómo el matrimonio cumple este propósito (Ef. 5:21-33).

Tenemos esta hermosa revelación sobre la soltería como regalo divino a lo largo de todo este capítulo y llega a ser igualada a otros dones que Dios nos da para que glorifiquen Su nombre. Si piensas que la soltería, temporal o permanente, puede ser parte de la provisión perfecta de Dios para tu vida, será mucho más fácil comenzar a vivirla hoy como un regalo que te ayuda a glorificar y servir mejor al Señor.

Quisiera concluir con las palabras de Timothy Keller sobre el capítulo de Corintios que hemos estudiado:

«Este pasaje, a primera vista, es muy confuso. La visión del matrimonio en estos versículos pareciera contrastar demasiado con la imagen exaltada del matrimonio de Efesios 5:21. Pareciera que Pablo estaba teniendo un mal día. Algunos han señalado que esta visión del matrimonio parecía estar siendo condicionada por la convicción de que Jesús venía pronto, y ¿acaso la historia no demostró que esto no pasó? Pero lo que Pablo implicaba es que, con la venida de Jesús y Su resurrección, había venido el Reino de los Cielos al mundo. Sin embargo, el viejo orden del mundo aún está aquí pese a que sabemos que este va a pasar cuando todas las cosas sean ordenadas por Él. La implicación de esto es que, aunque todas las preocupaciones sociales y materiales de este mundo aún existen y son relevantes, nuestra seguridad sobre el mundo que vendrá transforma nuestras actitudes con respecto a esas actividades terrenales. Debemos estar contentos por el éxito, pero no demasiado contentos, entristecidos por las fallas, pero no demasiado deprimidos, porque nuestro verdadero gozo en el futuro está garantizado por Dios».[1]

El capítulo 7 de la primera carta a los corintios no es uno que trae consuelo a los solteros porque los debe hacer pensar en la posibilidad de que Dios les haya dado el don de la soltería y, por lo tanto, tratar de encontrar gozo por tenerlo (si estás soltero, es posible que confieses que esta idea no te trae el mayor consuelo en tus luchas) y tampoco es un postulado contra el matrimonio. Este pasaje nos exhorta a recordar lo que es realmente importante: aprender a vivir contentos con lo que tenemos, cualquiera sea nuestra situación (Fil. 4), porque esto es posible en Cristo. Esto no niega nuestros anhelos ni la posibilidad de que haya cambios, pero nos arraiga en la esperanza puesta en Jesús y no en

---

[1] Keller, Timothy y Kathy. *The meaning of marriage* [El significado del matrimonio] (2011) pág. 106, 107. Traducción propia.

las cosas, circunstancias o personas de este mundo. **Si nada cambiara por el resto de tu vida terrenal, estarías bien, porque Cristo es tu bien y todo lo que necesitas.**

Esta es la verdad más importante que aprendí en mi soltería y que llevo presente como el fundamento de mi camino personal con Dios. No te preocupes si en este momento tienes problemas para conectar esta verdad con la realidad de tus circunstancias y tus sentimientos. A lo largo de cada capítulo de este libro, veremos cómo esta enseñanza particular del apóstol Pablo a los corintios tiene una aplicación vigente y práctica en tu soltería y en toda tu vida. ¡Dios está contigo para ayudarte a vivir esta verdad!

«Si nada cambiara por el resto de tu vida terrenal, estarías bien, porque Cristo es tu bien y todo lo que necesitas».

CAPÍTULO II
MITOS SOBRE LA SOLTERÍA:

¿Qué has creído toda tu vida?

ONCE VESTIDOS A CUESTAS Y UNA NOCHE EN VELA

Me sentía triste esa tarde mientras iba camino a mi destino. Esta sería mi cuarta visita a la casa de esta modista de vestidos de damas de honor (¡quien obviamente me recordaba muy bien!) y el undécimo vestido de dama que me medía para una boda. Sí, leíste bien, *once* vestidos. Casi no podía creer lo parecida que era mi vida a esa comedia romántica con Katherine Heigl, *27 Vestidos*. Aunque aún me faltaban 16 vestidos para reclamar regalías sobre la película, sentía que me identificaba tanto con la absurda situación de esta protagonista. ¡Yo *era* 27 Vestidos! Siempre la dama, nunca la novia.

Mientras ajustaba mi vestido rosado brillante (¡lo que uno hace por amor a las amigas!), la modista me preguntó con humor si me vería una quinta vez en los próximos meses. «No creo. Ya no me quedan amigas solteras», le respondí con una risa medio nerviosa. Dándose cuenta del conflicto que sus palabras generaron en mí, me preguntó: «Pero, ¿tú tienes novio? ¿qué edad tienes?». Acostumbrada a la pregunta, le respondí que recién cumplía 30 años y que no tenía novio ni posibilidades de encontrar uno en el panorama. «Tranquila», me dijo, luego añadió: «Cuando menos te lo esperes y cuando no lo estés buscando, segurísimo que llegará. Quizás estás muy impaciente y por eso no pasa. Mientras tanto, aprovecha a bajar unos kilitos». Sus últimas palabras incluían una mirada cómplice mientras terminaba de ajustar el vestido. Me reí con ella por cortesía, rogándole a Dios que esta fuera la última prueba de vestido donde yo fuera dama de honor y ya no tuviera que sentir pena por mí misma.

Me costó dormir esa noche. Las palabras de la bienintencionada pero imprudente modista daban vueltas en mi cabeza: «¿Será que de verdad el problema es que no he dejado de anhelar el matrimonio?, ¿que solo tengo que soltar este deseo para que suceda inmediatamente?». Me cuestionaba y a la vez buscaba encontrar cierta esperanza y me decía: «Después de todo, el Salmo 37:4 dice que, si me deleito en Dios, Él me dará las peticiones de mi corazón». Sin embargo, solo podía pensar en los cientos de veces en las que había sentido que me deleitaba en Dios y soltaba el anhelo de casarme, pero finalmente nunca pasaba nada. Así caía de nuevo en el ciclo de anhelar con frustración a un compañero de vida.

Quizás estaba siendo débil en mi fe y jamás había podido entregarle el anhelo más grande de mi vida a Dios de forma genuina. «Quizás, como siempre, estoy complicando o espiritualizando demasiado todo, y lo cierto es que perder esos kilitos de más me ayudaría, ¿no?», pensé. Tal vez la razón de mi soltería era mi personalidad y eso era algo más difícil de cambiar. «¡Sí, creo que el problema debo ser yo! No hay otra explicación para que yo sea la última soltera de 30 años de la iglesia y de la tierra». Sobra decir que no pude dormir esa noche dándole vueltas y vueltas al tema.

Esta historia es real e ilustra el diálogo interno constante que ocupó mi mente por años durante mi soltería. Una conversación que a veces ocurría en mi cabeza y otras veces con otras personas, pero que siempre me agotaba y me dejaba frustrada: *¿Por qué sigo soltera?* era una pregunta que me acechó en las distintas etapas de mi soltería y que, con el paso del tiempo, se hacía más punzante y difícil de contestar. Cada vez más sentía que debía justificar a otros y a mí misma por qué estaba soltera sin querer estarlo.

Lo que ignoré a lo largo de esos años fue que toda mi angustia durante mi soltería era causada por una variedad de **mitos sobre la soltería** en los que había creído. Tengo que reconocer que no solo eran esos mitos, sino que también mi propio pecado, que se manifestaba con la idolatría al romance y al matrimonio, jugaba un papel importante en el sufrimiento con que vivía mi soltería. Pero a ese tema le dedicaré un capítulo entero.

¿Y si todos están equivocados?

En el capítulo pasado te expuse la verdad revelada por la Palabra de Dios sobre Su voluntad para con la soltería y el matrimonio. Ahora nos toca traer a la luz la otra cara de la moneda, es decir, las distorsiones que hemos estado creyendo sobre la soltería y que son, en gran medida, responsables de que para muchos solteros su realidad esté tan alejada de la verdad.

Un mito se define como la atribución de cualidades a algo que en realidad no las tiene.[1] En otras palabras, un mito es una mentira que creemos sobre algo, una distorsión en la manera en que concebimos un concepto o una circunstancia. Los mitos abundan en el tema de la soltería y los aprendemos de forma explícita e implícita de la cultura que nos rodea. La sociedad (amigos, familia y entorno laboral) tiene un peso importante en lo que creemos en cuanto a este tema, pero para el cristiano, lo que se enseña en la iglesia con respecto a la soltería juega un papel decisivo en la forma en que la concebimos y sus implicaciones en nuestra vida.

Sam Allberry basa su libro *7 Mitos Sobre la Soltería* en la existencia de siete distorsiones que los cristianos solteros suelen tener en cuanto a estado: 1) La soltería es demasiado difícil; 2) requiere un llamado especial; 3) significa intimidad inexistente; 4) significa no tener familia; 5) detiene el ministerio; 6) malgasta tu sexualidad y 7) es fácil.[2] Estoy muy de acuerdo con Allberry en su planteamiento de los mitos porque son una apreciación tremendamente exacta del problema. No obstante, me he propuesto presentarte los nueve mitos en los que yo creí durante mi soltería, porque muchos de ellos continúan siendo el fundamento de la sabiduría popular y eclesiástica sobre la soltería en Latinoamérica. Podrás notar una coincidencia significativa con los *7 Mitos sobre la Soltería* de Allberry porque, lamentablemente, estas distorsiones trascienden culturas y contextos sociales.

---

[1] Real Academia Española, Diccionario de la Lengua Española.
[2] Allberry, Sam. *7 Myths about Singleness* [7 mitos sobre la soltería] (2019)

NUEVE MITOS SOBRE LA SOLTERÍA

La dificultad de discernir entre verdades y mitos no solo es causada por el desconocimiento de la verdad bíblica que estudiamos en el capítulo anterior, sino que el mundo y la Iglesia suelen enviarnos mensajes contradictorios en cuanto a lo que deberíamos creer y la forma en que deberíamos vivir la soltería. De seguro te has preguntado más de una vez quién tendrá la razón. Echemos un vistazo general a los mitos más populares sobre la soltería. Si estás soltero, ¡apostaría un millón de dólares a que has escuchado, como mínimo, uno de estos nueve mitos!

Mitos sobre la soltería y tú

Mito #1: *Esa persona va a llegar justo cuando sueltes ese deseo y lo pongas en las manos de Dios. Ni un minuto antes, ni uno después.*

Por qué es mentira: La forma en la que Dios obra no puede ser limitada a una fórmula matemática.

¿Cuántos aquí —tal como yo lo hice— han creído firmemente en este mito y como consecuencia han «soltado» su deseo de casarse más de una vez? Yo pensaba que, si soltaba suficientemente ese deseo y me deleitaba en el Señor, mi futuro esposo llegaría de inmediato. Lo malo es que intentaba deleitarme en Dios *para* que me diera lo que quería, pero esto no es más que una mala interpretación del salmo que dice, «Deléitate en el Señor, y él te concederá los deseos de tu corazón» (Sal 37:4, NVI). Aunque confiarle a Dios las cosas que anhelamos es evidencia de madurez espiritual, no lo hacemos como una negociación para que nos dé lo que queremos.

Dios no obra como un cajero automático, es decir, cada vez que una de sus hijas «suelta el deseo de casarse», suena una alarma instantánea en la fábrica de esposos cristianos y uno es enviado para entrega inmediata. Los tiempos de Dios son diferentes para cada uno y reflejan la bondad de Su voluntad que no necesariamente será un *esposo express*. Si vas a soltar ese deseo, que sea para poder caminar en la libertad que tienes en Cristo y disfrutar de la vida soltera hoy. De otra manera, si no llega pronto eso que esperas que se cumpla producto de esa aparente obediencia de tu parte, podrías frustrarte y hasta dudar de la fidelidad de Dios.

Este mito muchas veces va de la mano con uno muy parecido que se enuncia con la siguiente frase: «*esa persona de Dios para ti llegará cuando te sientas completamente satisfecha en Él*». Pero estar satisfecho en Cristo es un privilegio y una realidad en sí misma, no un prerrequisito para el matrimonio. Es cierto que muchas veces Dios, en Su misericordia, nos lleva a crecer y depender más de Él antes de permitir que pasemos a otras etapas, pero si este mito fuese cierto, entonces solamente quienes se sienten 100% plenos y satisfechos en su vida con Dios se casarían. Evidentemente, este no es el caso.

Mito #2: *Seguro eres demasiado exigente y por eso permaneces soltero.*

Por qué es mentira: Esta idea te establece como el único causante de tu soltería y supone motivaciones y hechos que solo Dios conoce completamente.

Creer en este mito te lleva a cuestionarte tus estándares y a creer que la razón por la cual Dios no te ha dado el regalo del matrimonio es porque esos estándares son demasiado altos, irreales y hasta pecaminosos.

Aquí es necesaria una explicación. Creo firmemente que es posible que alguien se esté perdiendo la posibilidad de comenzar una vida con una persona maravillosa debido a que tiene los estándares equivocados (nota que no estoy diciendo altos, sino equivocados). Desarrollaré este punto a profundidad en un próximo capítulo, pero usemos un ejemplo para ilustrar la idea: Si mis estándares de lo que busco en un esposo son que sea millonario, simpático, alto, atlético, educado, culto y que vaya a la iglesia, puedo decirte que además de estar buscando una falsa idea de perfección en mi cabeza, estoy siguiendo el estándar equivocado. No, no tiene nada de malo ser alto, con dinero o culto, pero si esas son tus prioridades para elegir a un esposo, corres el riesgo de pasar por alto lo que realmente vale la pena y de verdad necesitas en esa persona.

Si lo que buscas es alguien que ame a Dios con todo su corazón, que comparta una visión de vida y valores contigo, que sea maduro y que te atraiga, entonces no estás siendo demasiado exigente y definitivamente este estándar no es la razón por la cual no ha llegado todavía el esposo. Estamos llamados a anhelar lo que Dios quiere para sus hijos e hijas, nada menos que eso. No te conformes.

Mito #3: *Ya se te pasó el tren y a tu edad los buenos partidos están casados. Además, tienes todo demasiado resuelto en la vida, eso intimidará a los hombres.*

Por qué es mentira: Este mito afirma que hay un rango de edad específica para casarse, después de la cual se perdieron todas las oportunidades.

Creí en este mito por mucho tiempo debido a que en mi entorno muchísima gente se casó joven y a mis 30 años ya parecía que era demasiado tarde. Este mito se arraigó en mí porque, además, los únicos hombres cristianos que conocía de mi rango de edad estaban casados. Sin embargo, ¿quién estableció que cuando uno llega a los 30 pasa de soltero a solterón? ¿A quién dejamos imponer esa falacia? Quizás tú, a tus 40 o 50 piensas que para ti es demasiado tarde, pero si algo he descubierto en mi camino con Dios es que Él es *Jehová Jireh* «¡Dios proveedor!». Su provisión no es solo financiera o laboral, sino que incluye personas en tu vida, cuyos propósitos se alinean con el que Dios tiene para ti.

Quizás ya has escuchado esto, pero hoy te lo recuerdo: Dios no une a sus hijos para que se vean bonitos juntos o para crear un romance de novela. Dios une personas con propósitos comunes para Su Reino. Esta es una muy buena razón para no desesperarse. No estás demasiado mayor ni se «acabaron» las personas para ti en este mundo. Vale la pena poner tu confianza en Dios y su magnífica provisión a tu vida, sea un cónyuge o no. ¿Quién puede limitar al Dios del universo?

Por otra parte, si eres mujer, la idea de que, por tus logros u otras características, intimidarás a los hombres, es muy limitada. Un verdadero hombre, seguidor de Cristo, no será un hombre inseguro ni que se intimide fácilmente. Nos extenderemos sobre esto en otro capítulo de este libro.

Mito #4: *Necesitas tener todo resuelto en tu vida para que llegue esa persona.*

Por qué es mentira: Si tenerlo todo resuelto significa que debo estar libre de problemas y con mi carácter y otros aspectos de mi vida totalmente santificados, entonces solo podré casarme cuando esté en gloria. Mientras estemos en la tierra estaremos siempre como una «obra en marcha» en las manos del Señor. Así como tenerlo todo resuelto no te está impidiendo casarte, el no tenerlo, tampoco.

Muchos piensan que deben estar estables financieramente, haber terminado la carrera o el posgrado, haber comprado una propiedad o cualquiera de las cosas que el mundo valora, para que entonces Dios ponga en su vida a esa persona. Este mito lo conocemos todos, pero es bastante popular entre los hombres. Si bien la estabilidad económica y los logros académicos y laborales son deseables, lo que una persona, hombre o mujer, debe ofrecer al matrimonio no es la perfección ni la vida resuelta, tampoco una cuenta bancaria con cifras voluminosas. Lo que necesitas ofrecer a un esposo o esposa, es un carácter moldeado en Cristo que sigue creciendo de manera activa, una madurez adquirida a través de las pruebas y la determinación del amor y el compromiso.

Muchos extienden este mito a su vida espiritual y llegan a pensar que hasta que no sean más maduros espiritualmente de lo que ya son, Dios no les dará a esa persona. Si fuese así, todas las personas que se casaran serían perfectas o sin problemas o conflictos, y este no es el caso. Timothy Keller hace una excelente observación cuando dice:

> «... cuán diferente sería la búsqueda del matrimonio si lo viéramos como un vehículo para que los esposos se ayuden mutuamente a convertirse en esos seres gloriosos del futuro a través del servicio sacrificial y la amistad espiritual. ¿Qué pasaría si viésemos la misión del matrimonio como una que nos muestra nuestro pecado de una manera única y profunda, y así crecer por medio de una persona que nos dice la verdad en amor?».[1]

---

[1] Keller, Timothy y Kathy. *The meaning of marriage* (2011) pág. 117. Traducción propia.

Todo lo que necesitamos, como individuos y posibles cónyuges, vendrá como fruto de permanecer en Jesús y de amar con el amor con el que Él nos amó primero (Juan 15; 1 Jn. 4:19).

Mito #5: *No eres suficiente para que alguien te escoja.*

Por qué es mentira: Tu identidad viene determinada por Cristo y tu valor por el precio que Él pagó por ti en la cruz.

Quizás esta es una mentira que ha susurrado el enemigo a tus oídos o que has permitido que dé vueltas en tu cabeza. Siempre creí que para que alguien me escogiera, yo debía parecerme lo más posible a un ideal de mujer que yo tenía en mi cabeza y que, por cierto, era muy difícil de alcanzar. Este mito nos hace creer que nosotros y quienes somos, de forma interna y externa, es lo que está impidiendo que Dios nos traiga la bendición del matrimonio. Lo que hacemos es denigrarnos porque pensamos que no somos lo suficientemente bonita o atractivo, interesante, dócil, inteligente, adinerado y muchas otras supuestas carencias más.

Tu valor jamás dependerá de cómo te ves físicamente, de tu situación económica y ni siquiera en tus defectos de carácter, sino que está en Jesús. Algo hermoso que debemos recordar siempre es que el pueblo de Dios está conformado por personas a quienes les atraen diferentes cosas en los demás. Si Dios ha planeado proveer un cónyuge para ti, esa persona amará y apreciará todo lo que eres.

Mito #6: *Debe haber algo mal conmigo. No es normal seguir soltero por tanto tiempo.*

Por qué es mentira: Porque la Biblia nos revela que es completamente normal y bueno estar y permanecer solteros. Dios estará trabajando en nosotros hasta el último día de nuestra vida terrenal porque ha prometido completar su obra hasta que Jesucristo venga. ¡Eso no condiciona el matrimonio!

Este mito se parece mucho al anterior, pero se vincula más a la creencia de que estamos siendo castigados con la soltería. Llegué a creer firmemente en este mito y tristemente he comprobado que muchos solteros cristianos también lo sufren. La confusión surge al no concebir la soltería como un estado bueno, de bendición, ¡como un regalo, al igual que el matrimonio! Quizás son otros quienes te han dicho esto, aún con las mejores intenciones y deseos, pero tienen una idea distorsionada que los lleva a pensar: *«Si Dios es tan bueno y su mejor regalo es el matrimonio, ¿por qué este hombre o mujer no lo tiene? ¡Algo debe estar haciendo mal!»*.

Lo cierto es que ninguna bendición del cielo es merecida, ni la soltería ni el matrimonio, pero Dios, en su bondad, permite que podamos experimentar su gracia en cualquier estado. Es siempre bueno reflexionar y pedirle a Dios que examine nuestro corazón (Salmo 139), pero podemos confiar en su soberanía y sus tiempos providenciales en nuestra vida. Si estás buscando permanecer en Jesús y seguirlo, puedes esperar en sus tiempos para cada etapa de tu vida. No estás haciendo algo mal y es perfectamente normal y bueno estar soltero en este momento de tu vida si es lo que Dios ha decidido para tu presente.

Mitos sobre la soltería y el matrimonio

Mito #7: *No estarás completo o completa hasta que te cases. El diseño de Dios para la humanidad es el matrimonio.*

Por qué es mentira: El diseño de Dios para la humanidad no es un estado civil particular, sino que lo conozcamos por medio de Su Hijo y tengamos una relación viva con Él.

Este es uno de mis mitos que más intento desmontar, porque es de los más comunes, arraigados y hasta de los que suenan más bíblicos. Pero resulta que nuestra plenitud y realización solo se encuentran en relación con una persona: Jesús. Ninguna otra persona ni estado civil podrán hacerte más completo o completa. El diseño de Dios para la humanidad es que hombres y muje-res experimenten una relación viva y personal con Jesús, siendo parte de Su Iglesia, amándolo y amando a otros al compartir Su Evangelio. El matrimonio ciertamente es un modelo de vida que puede ayudar a vivir ese propósito y es un símbolo de una relación mucho más sublime e importante, la de Jesús y Su Iglesia. Otro de los aspectos lamentables que produce creer en este mito es que lleva a muchos cristianos a no saber estar solos, a la búsqueda de esa aparente completitud en una relación tras otra.

Si estás soltero o soltera, de ninguna manera estás incompleto ni fuera del diseño de Dios. Él tiene un plan perfecto para cada uno en el estado en que nos encontramos desde el cual puede cumplir todos Sus propósitos.

Mito #8: *La soltería es una sala de espera para una vida mejor.*

Por qué es mentira: La soltería es la mejor vida que Dios tiene para ti hoy, porque ya tienes acceso a Su vida abundante.

A muchos se les enseña a vivir la soltería como una espera. Algunos cristianos llegan a vivir su soltería como un tiempo «mientras tanto»; se percibe como una sala de espera antes de pasar a la vida de verdad, al tiempo realmente lleno de propósito que vivirán una vez que formen una familia. Algunas personas incluso ponen algunas áreas de su vida en pausa hasta que llegue la majestuosa etapa de comprometerse y casarse.

El mayor regalo de tu vida no es ese matrimonio que anhelas. El mayor regalo que puede llegar a tu vida ¡es tu presente en Jesús! Es la vida que Dios ya puso en tus manos, abundante, libre y llena de propósito. Tu vida no comenzará cuando la unas a alguien más. ¡Tu vida comenzó en el momento en el que recibiste la salvación por gracia y la vida eterna por medio de la fe en Jesús!

Mito #9: *La vida de los casados es mejor/más importante que la de los solteros.*

Por qué es mentira: Atribuye una estela de superioridad a los casados, como si el soltero fuese un cristiano de segunda clase.

Algunos creen que el matrimonio es el medio más perfecto de santificación. Alguien me dijo que es inigualable la verdadera transformación y el crecimiento espiritual que trae el matrimonio. Entonces me pregunté, ¿quiere decir que Dios priva a los solteros del recurso más importante para su santificación? ¡Absolutamente no!

Es lamentable escuchar el testimonio de algunas personas solteras que han experimentado cierto rechazo en sus iglesias locales y ministerios por su estado civil. Aunque esto no es algo generalizado, muchas veces este mito viene de creer que los matrimonios y familias merecen más tiempo de formación o tienen mayor potencial de liderazgo, lo cual no puede estar más lejos de la realidad. El mejor líder de la historia, Jesús, era soltero. ¡Pensemos en todo lo que hizo Pablo para Dios sin casarse!

Nadie es más importante que otro en el Reino de Dios y menos por su estado civil. Esto significa que no debes perder tu tiempo anhelando el matrimonio para sentirte más relevante. La relevancia de tu vida proviene de que hoy estás llamado a caminar en las buenas obras que Dios preparó de antemano para ti antes de la fundación del mundo.

Como hemos podido observar, casi todos estos mitos enseñan sobre una relación transaccional con Dios, en la que «Él me dará cuando yo entregue o me regalará cuando yo cambie», dejando de lado Su soberanía y voluntad. Cuando cumplimos todos los pasos y llenamos todas las expectativas (¡si es que eso fuera posible!) y luego las cosas no funcionan como esperamos, la frustración debilita nuestra relación con Dios porque entonces «Él no cumplió Su promesa». No arriesgues tu relación con Dios y el disfrute de tu vida en el momento en que te encuentras al prestar atención a estas visiones distorsionadas y equivocadas con respecto a la soltería.

Reemplaza las mentiras con la verdad

Cuando vivimos la soltería como el regalo que es, hay miles de puertas que se abren para que veamos cómo podemos vivir una vida plena para Dios, bendiciendo e influenciando a otros, sirviendo, amando y dependiendo de Jesús. Deseo tanto que no te pierdas el gozo que viene con esta etapa por creer la mentira de que necesitas a Jesús + otra cosa (el matrimonio, por ejemplo), para experimentar Su plenitud y Su gozo.

«Deseo tanto que no te pierdas el gozo que viene con esta etapa por creer la mentira de que necesitas a Jesús + otra cosa (el matrimonio, por ejemplo), para experimentar Su plenitud y Su gozo».

En la inmensa mayoría de casos, nuestra familia, nuestros amigos y la iglesia están llenos de buenas intenciones cuando deciden compartirnos estas ideas sobre la soltería y el matrimonio. Sin embargo, aparte de inexactos, sus comentarios pueden llegar a ser hirientes y hasta dañinos. Sin embargo, quisiera que tomaras en cuenta que ¡es posible que ellos mismos tengan una distorsión en cuanto a la soltería y el matrimonio! Si consideras esa posibilidad, entonces podrás responder en amor.

Esta es entonces una excelente oportunidad para abordar el tema con tus padres, amigos, líderes o pastores en una conversación llena de gracia y verdad. ¡Puedes invitarles a explorar las verdades bíblicas con respecto a la verdad sobre la soltería y el matrimonio! No se trata de dictarles una cátedra con superioridad, sino, en humildad, invitarles a que juntos reflexionen sobre lo que realmente dice la Palabra de Dios sobre la soltería, el matrimonio y la verdadera plenitud. Es cierto que no siempre será así y, a veces, estas ideas o preguntas te herirán porque tú mismo luchas con ellas. Pero, aparte de ayudar a anclarte a ti mismo en la verdad, conversaciones que desmonten los mitos sobre la soltería y el matrimonio pueden contribuir a edificarnos como amigos, familias e iglesia. ¡Quién sabe si Dios termina usando tus preguntas y tu descubrimiento de Su verdad sobre la soltería para edificar a muchos, solteros y casados!

Es posible descartar los mitos sobre la soltería cuando conoces la Palabra de Dios y estás firme en su verdad. Las mentiras sobre tu identidad insuficiente, tu inadecuación o tu necesidad desesperada por casarte, se esfumarán ante la resplandeciente verdad que está revelada en la Biblia: Cristo es suficiente en cada temporada y en cada situación.

«Porque toda la plenitud de la Deidad reside corporalmente en Él, y ustedes han sido hechos completos en Él, que es la cabeza sobre todo poder y autoridad» (Col. 2:9-10).

CAPÍTULO III
LA SOLTERÍA EN «MODO ESPERA»

UN CORTE DE PELO Y UNA SALA DE ESPERA

Desde pequeña me gustó llevar el pelo muy largo y lo tuve así por muchos años. Sentía que era la forma en la que otros me verían más bonita y agradable. Sin embargo, después de más de dos décadas de lucirlo así, a veces sentía el impulso de cortarlo bastante corto porque me gustaba cómo se veía, pero nunca lo hacía. La razón para no cortar mi cabello era bastante sencilla. Pensaba que en cualquier momento podía conocer al hombre de mi vida y casarme, y no quería que él me conociera con el pelo corto (inserta tu risa aquí) ni mucho menos pasar el día de mi boda con el pelo corto, por si no crecía a tiempo. El resultado fue que pasé unos cinco años sin cortarme el pelo a mi gusto por esperar. Puse en pausa algo que realmente quería hacer porque mi ilusión por algo que aún no existía era más fuerte. ¡A los dos meses de casarme me lo corté! (no me gustó el resultado, pero esa es otra historia).

Lo que quisiera destacar con este ejemplo que podría parecer irrelevante y hasta superficial, es que esta decisión era un reflejo del estado de mi corazón y de mi perspectiva ante decisiones mucho más serias con respecto a mi vida en soltería. Sé que quizás te causó gracia esta anécdota, pero creo que ilustra muy bien lo que en el fondo yo creía sobre mi soltería y el anhelo del matrimonio: La soltería es una «espera» en la que todavía no puedo plenamente porque estoy aguardando toda la dicha y libertad que me traerá esa vida al máximo que lograré con el matrimonio. Yo misma me prohibí de hacer algo que realmente quería (cambiar de *look*) porque me sentía en una espera, como en una transición en la que, en cualquier momento, podrían llamar mi nombre para pasar a ese lugar donde realmente quería estar. Yo ¡debía estar lista!

Puede que estés pensando: «¡pero qué tontería! ¡yo jamás dejaría de cortarme el pelo solo por no saber cuándo me casaré!». Es cierto, creo que la mayoría no caería en un pensamiento tan absurdo como yo lo hice. Pero quizás haya otras áreas más trascendentes de tu vida que, sin darte cuenta, estés poniendo en pausa porque has caído en el error de creer que estás en modo de espera solo por el hecho de encontrarte soltero.

Conozco a hombres y mujeres que han decidido rechazar ciertas oportunidades de trabajo porque sus circunstancias laborales les «harían más difícil conocer cónyuges potenciales» y esta es una realidad con la que muchos realmente luchan de forma consciente y también inconsciente. Llegué a conocer el caso de una persona que no tomó la oportunidad de una beca académica en el extranjero porque estaría rodeada solamente de colegas de su mismo sexo y eso implicaría retrasar más el encuentro de un esposo. Yo misma llegué a dudar muchas veces de tomar oportunidades increíbles en mi carrera como abogada de Derechos Humanos porque implicaba irme a lugares remotos y surgía siempre la pregunta ¿cómo conocería a mi esposo ahí? En mi caso, al final sí acepté muchas de estas oportunidades debido a la pasión que sentía por mi carrera, pero, al mismo tiempo, sentía que estaba tomando decisiones que solo alargarían mi espera.

Quizás has creído que tampoco puedes conocer y vivir tu llamado ministerial hasta que te cases o simplemente vives tu soltería con la sensación de que tu vida aún no ha comenzado y que estás esperando el gran momento cuando conocerás a esa persona con la que compartirás tu vida.

Mi propia experiencia de vivir lo que era un «regalo» como una «espera» fue la que me llenó de frustración y me llevó a cuestionar mi entendimiento y actitud. ¿Qué era lo que realmente estaba esperando? ¿El matrimonio? ¿Por qué la vida que vivía se sentía como la antesala a lo verdaderamente importante? Si Dios realmente no me daba una garantía de un esposo, ¿eso quería decir que podía estar esperando en vano?

¿Por qué llamar «la espera» a la soltería?

Siempre bromeo diciendo que, si tuviera un dólar por cada vez que escucho a un cristiano referirse a la soltería como «*la espera*», es muy seguro que sería millonaria. En nuestras familias, comunidades e iglesias, es común escuchar que una joven o mujer soltera «está en/a la espera» cuando está soltera y en «edad de casarse». Leo muchísimas publicaciones y videos de cristianos en las redes sociales que, con la intención de ofrecer consejo para los solteros, comparten: *5 consejos para ayudarte en la espera; qué hacer durante la espera o cómo invertir tu tiempo mientras esperas por tu matrimonio.* Todo esto se orienta a personas que tienen dudas sobre cómo pueden vivir mejor esos meses o años de sus vidas en los que no tienen pareja; personas que quieren asegurarse, con muy buenas intenciones, de no perderse la perspectiva de Dios en sus vidas. Si bien la mayoría de estas publicaciones son muy sinceras, creo que, al asociarla con una situación de espera, conceptualizan la soltería desde una percepción equivocada y desde un entendimiento antibíblico.

No quisiera que me malentiendan. Por supuesto que debemos reconocer que hay muchas situaciones en la vida de un cristiano en las que somos llamados a esperar activamente en Dios (p. ej., Sal. 27:14; Lam. 3:24; Miq. 7:7). Son tantas las circunstancias donde la única opción es esperar en el Señor, y por si sola es la más grande de las bendiciones porque esa espera nos lleva a crecer en nuestra dependencia de Él. Pero esperamos en Él por quién Dios es, por Su carácter santo, por Su amor y por Su bondad. El rey David decía:

> «Que todo mi ser espere en silencio delante de Dios,
> porque en él está mi esperanza.
> Solo él es mi roca y mi salvación,
> mi fortaleza y donde no seré sacudido.
> Mi victoria y mi honor provienen solamente de Dios;
> él es mi refugio, una roca donde ningún enemigo puede alcanzarme»
> (Sal. 62:5-7, NTV)

La Palabra de Dios no nos llama a esperar por las cosas, sino *en* Dios. Esperamos siempre en Él porque sabemos que podemos confiar en Su voluntad, sea que decida darnos o no lo que pedimos. El problema es que la espera en la soltería se ha entendido más como un momento de transición en el que se fijan los ojos en ese gran suceso del futuro matrimonio, más no en Dios y lo que Él puede estar disponiendo para nuestras vidas.

Sé que puedes estar pensando: «De acuerdo, pero yo confío en Dios y usar el término "espera" para esta etapa es completamente inocente». Permíteme diferir y darte la razón para mi negativa. La expresión, en el sentido que suele emplearse para referirse a la soltería, no fomenta ni motiva a los solteros a vivir contentos con su situación. Poner a la soltería en una sala de espera implica que el soltero se encuentra aguardando algo que necesita con cierta premura porque algo le falta y que pareciera más importante que lo que tenga o pueda estar haciendo ahora. Quizás nunca lo has pensado así, pero este es el peso que carga la expresión en su uso cotidiano y popular.

Si has usado esta frase tú mismo como soltero o en tu labor de líder o pastor, me atrevo a preguntarte, ¿Por qué la llamas «la espera»? ¿Exactamente por qué está «esperando» la persona? Cuando alguien, por ejemplo, se quiere cambiar de un empleo a otro, no solemos decir que está en «la espera», ¿o sí? Cuando una persona anhela tener un mejor círculo de amistades, amigos en los que pueda confiar y a quienes pueda admirar, esa persona no diría que está en «la espera» ¿verdad? Se trata simplemente de un anhelo que lo hace confiar en la provisión y el tiempo de Dios.

Cuando veo esta «espera» aplicada mayormente a las mujeres, observo que se está sugiriendo una espera por una etapa mejor de la vida donde se obtendrá, por fin, una realización personal completa. La razón por la que insisto en el carácter negativo de esta expresión es porque tiene una carga negativa que recae sobre los solteros. De seguro has escuchado a más de uno responder a la pregunta, «¿En qué andas?» con la respuesta agridulce, «Pues aquí, en la espera». Te aseguro que esta respuesta no es una exageración; varias veces respondí con estas mismas palabras y escuché a otros responder igual. Quizás tú mismo has respondido de una forma parecida, aún solo en tus pensamientos.

Los peligros de vivir la soltería en «modo espera»

No puedo dejar de insistir en que concebirte dentro de una espera por el solo hecho de estar soltero es un error. Quisiera desarrollar brevemente algunos de los motivos para tal afirmación:

- **La soltería, vivida como espera, es un impedimento para experimentar la vida plena que tienes en Cristo.** Piénsalo, vivir tu realidad (tu soltería) como una espera revela la creencia de que hay una vida mejor que nunca vivirás bajo tus circunstancias actuales. Estamos de acuerdo con que hay una vida infinitamente mejor que nos aguarda junto al Señor en la eternidad con Él. Sin embargo, hasta ese momento, tenemos la promesa de una vida abundante, disponible para nosotros gracias a Jesús (Juan 10:10). No es el matrimonio lo que nos hace ingresar en el disfrute de una vida plena, sino un encuentro personal con Jesús.

- **Vivir la soltería como una espera tiene un efecto psicológico en ti e impacta en cómo vives tu presente.** Cuando vamos al médico, pasamos un tiempo largo o corto en una sala de espera. Es inevitable que entremos en «modo espera» hasta que nos llaman para reunirnos con el especialista. Durante la espera nos impacientamos más fácilmente, nos comparamos con el que llegó más tarde, pero ingresó primero a la consulta y leemos revistas aburridas que nunca compraríamos, solo para pasar el tiempo. Algunos tendremos la mirada perdida mientras pensamos en todos los posibles diagnósticos que recibiremos y nos llenamos de ansiedad. La sala de espera de la consulta médica no es un lugar donde queramos voluntariamente pasar el tiempo, porque se trata de un espacio donde no vas a tener la mejor actitud ni los mejores pensamientos. Ahora, lleva esta imagen a tu soltería como si vivieras de forma permanente en una sala de espera mientras aguardas hasta que las cosas verdaderamente importantes sucedan. ¿Podremos realmente vivir de esa manera?

- **Vivir la soltería como una espera te impide apreciar lo que tienes en tu presente y aprovechar las ventajas de tus circunstancias.** Recordemos lo que aprendimos en el primer capítulo, cuando conversábamos sobre que la Biblia revela la soltería como un regalo. ¿Alguna vez has recibido un regalo increíble, especialmente pensado para ti, y lo has puesto en un cajón sin sacarlo del empaque porque simplemente estás «esperando» el regalo del próximo año? Eso es lo que muchos hemos hecho durante nuestra soltería al perdernos el disfrute del precioso regalo de la soltería, uno que Dios ha escogido para ti en este tiempo y que viene con una variedad de oportunidades que podrías estar perdiéndote. Por el contrario, la soltería nos ayuda a aprender a depender de Dios, nos enseña el valor de la comunidad y nos da la libertad de servir a Dios sin preocupaciones, entre muchas otras cosas.

- **Entender tu soltería como una espera por el matrimonio hasta que Dios traiga a tu cónyuge es riesgoso porque podrías estar esperando en vano.** Si todas las fuerzas de tus oraciones y anhelos elevados al Señor están enfocados exclusivamente en aquello que esperas, lamento decirte que podrías estar esperando en vano. Lo cierto es que nadie puede afirmar, con fundamento bíblico, que Dios nos garantiza un cónyuge ni ninguna otra bendición terrenal. Sé que esto es escandaloso para algunos y por eso lo desarrollaremos más adelante en este libro, pero la garantía de la bondad de Dios no es la garantía del cumplimiento de todos y cada uno de tus anhelos en esta tierra. Por lo tanto, invertir tu energía en esperar por un matrimonio que no tienes la seguridad de que sucederá, puede llegar a ser un verdadero desperdicio. Si tu esperanza está puesta en algo que pudiera ser o no ser la voluntad de Dios para tu vida, entonces debo decirte que te estás aferrando a una esperanza débil.

«Si tu esperanza está puesta en algo que pudiera ser o no ser la voluntad de Dios para tu vida, entonces debo decirte que te estás aferrando a una esperanza débil».

El mito de la preparación... en la espera

Voy a hablarte de un mito muy popular que decidí desarrollar en este capítulo y no en el anterior, porque está íntimamente relacionado con el supuesto propósito de la espera. Al creer equivocadamente que la vida en soltería debe entenderse como una espera, una pregunta lógica sigue como consecuencia: «¿Qué hago durante mi espera?». He visto que la respuesta más común en círculos cristianos es que durante la espera debemos aprovechar para prepararnos para nuestro futuro esposo (de nuevo, este tipo de respuestas son más comunes para las mujeres, pero no exceptúa a los hombres). En este sentido, se plantea un llamado al soltero para que «aproveche» el tiempo de espera preparándose para ser mejor para ese futuro cónyuge. Lo que se les dice es algo como esto, «no te preocupes por la persona indicada, sino ocúpate tú en convertirte en la persona indicada». Ese es el tipo de consejos que reciben los solteros cristianos.

Pero nada de lo que hemos visto hasta ahora tiene asidero bíblico. Suena muy bien, hasta parece sabio y noble, pero no es bíblico. Puede que el enfoque con el que hayas entendido esta preparación se incline más hacia mejorar tus habilidades domésticas (aprender a cocinar, planchar y cosas similares) o, más bien, se vea como algo más espiritual y trascendente, como moldear tu carácter, superar traumas y madurar espiritualmente para ese cónyuge que vendrá cuando termine la espera. Por supuesto que no tiene nada de malo querer mejorar en las áreas domésticas, pero eso es algo que todos los adultos, solteros o casados, debemos hacer, simplemente para crecer como personas y servir mejor a otros.

Por otra parte, la motivación para alcanzar una transformación espiritual no puede tener como fundamento el querer agradar o estar listos para tener una pareja. Nuestra transformación espiritual es, de hecho, un compromiso que Dios ha hecho a nuestro favor (2 Cor. 3:18). Por lo tanto, nuestra motivación es Cristo cuando damos los pasos para madurar espiritualmente. Crecemos pareciéndonos más a Él, para darle gloria y cumplir el llamado a ser testigos de su gracia en nosotros. Nuestro cambio es una respuesta al amor que Dios nos mostró por medio de Su Hijo. Entonces, en vez de prepararnos para un futuro cónyuge, que es una persona pecadora y falible como nosotros, debemos prepararnos para Cristo y la eternidad que pasaremos con Él. Esa es una motivación que nos mantendrá activos y no nos desilusionará jamás.

Si aún sientes que necesitas más razones prácticas para desmontar el mito de la preparación para otra persona, a continuación, resumo algunas:

- Esta preparación traerá frustración si el matrimonio se tarda más de lo que esperas.

- Este tipo de motivación para mejorar o crecer puede sentirse como completamente en vano si nunca llegaras a casarte. ¿Para quién era todo este esfuerzo?

- Esta motivación puede llegar a ser problemática cuando te cases, porque termina poniendo una carga injusta sobre la otra persona al establecer la expectativa de que él o ella deberán estar tan preparados o transformados como tú. Ya que pusiste todo tu esfuerzo para ser «el cónyuge ideal», de forma lógica e inconsciente, tú vas a esperar del otro cierta correspondencia que equilibre todo aquello por lo que tú «trabajaste» tan arduamente durante tu soltería.

- Nunca estarás lo suficientemente preparado. Dios nos moldea, nos prueba y nos forma constantemente en la vida cristiana. Nadie es suficientemente perfecto como para no necesitar continuar este proceso de transformación que solo Dios puede hacer realidad.

- El haberte preparado también puede generarte un falso sentido de exigencia o merecimiento delante de Dios. Podrías encontrarte diciendo, «Señor, mira todo lo que me he preparado para mi esposo, ¿por qué no me lo has traído todavía?». Así como la soltería, el matrimonio es un regalo que el Señor nos otorga por amor y gracia, no por nuestros méritos.

Quiero animarte a prepararte, pero para Cristo en este momento de tu vida, respondiendo con amor al afecto que Él te ha mostrado y viviendo para evidenciar el fruto del Espíritu que habita en ti. El carácter que Dios continúa transformando en ti va a ser una enorme bendición para tu comunidad, familia y, si Dios así lo quiere, para la persona con quien llegues a contraer matrimonio.

La mujer, su propósito y la espera

Quisiera detenerme aquí para dirigirme específicamente a ti mujer, que quizás estás un poco confundida con los mensajes mezclados y hasta contradictorios que recibes en tu soltería. Por una parte, has escuchado que el propósito de tu creación como mujer es ser ayuda idónea, madre y ejercer los roles que Dios nos asignó de forma exclusiva a las mujeres. Por otro, encuentras una reflexión como la que hemos estado haciendo, que te dice que tu soltería es un regalo y que, en Jesús, puedes vivir plena y cumplir tu propósito. Es posible que te estés preguntando, ¿Quién tiene la razón?

Lo primero que quiero decirte es que entendería muy bien si es que, como mujer soltera, te has llegado a sentir sin rumbo, desanimada y hasta desesperada por tu soltería. Si se nos ha enseñado y repetido que nuestra razón de existir como mujeres es asumir un rol (esposas o ayuda idónea, madres, abuelas, etc.) es lógico que podamos llegar a sentir que nuestra vida está en pausa o sin rumbo hasta que suceda aquel evento (el matrimonio) que nos permitirá comenzar a cumplir este propósito. Aunque no podré elaborar sobre esto con la profundidad que hubiera deseado por los límites que tiene este libro, sí quisiera señalar que considero que estas enseñanzas parten de un entendimiento errado de las Escrituras. Hemos confundido nuestro propósito y razón de ser con un rol. Un rol es básicamente una función o una tarea concreta que llevamos a cabo con respecto a algo o a alguien. El propósito, por otra parte, comprende nuestra razón de ser y de hacer, el por qué existimos y lo que define hacia dónde caminamos. La Biblia nos deja claro que Dios nos creó a Su imagen y semejanza para que pudiéramos conocerlo y glorificarlo. Jesús nos indicó un propósito de vida claro:

> «Por lo tanto, **vayan y hagan** discípulos de todas las naciones, **bautizándolos** en el nombre del Padre y del Hijo y del Espíritu Santo. **Enseñen** a los nuevos discípulos a obedecer todos los mandatos que les he dado. Y **tengan por seguro** esto: que estoy con ustedes siempre, hasta el fin de los tiempos» (Mat. 28:19-21, NTV, énfasis añadido)

Este es el llamado y el propósito que Jesús nos dejó a Sus discípulos sin distinción. Siendo padres o madres, profesionales, hermanos, amigos, pastores, o cualquiera sea nuestro rol, el propósito de nuestras vidas es honrar a Dios y cumplir con la Gran Comisión establecida claramente por nuestro Señor Jesucristo. El matrimonio y la maternidad son regalos y roles preciosos y sagrados que el Señor nos da la oportunidad de ejercer para Su gloria si esa es Su voluntad soberana, pero nuestro rol no es nuestro propósito. Ejercer diferentes roles, distintos en diferentes momentos de la vida, puede ser un instrumento para vivir nuestro propósito, pero, de nuevo no son dos conceptos que debemos confundir. Si nuestra razón de ser y propósito estuvieran supeditados al ejercicio de un rol como hombres (que el hombre fuese cabeza de un hogar) o mujeres (ser esposa o madre de alguien), el evangelio que conocemos no tendría sentido. Las palabras de Pablo en 1 Corintios 7 y Filipenses 4 tampoco lo tendrían, ¡es que no sería posible vivir una vida plena y gozosa en cualquier situación, sino solamente estando casados!

Las mentiras más poderosas son aquellas que usan la verdad, pero la distorsionan. Creo que este es uno de esos casos. Si, por ejemplo, una mujer está convencida de que el propósito para el cual Dios la creó es convertirse en esposa y madre, pero tiene 38 años y no se ha casado, esto podría desencadenar una profunda frustración y hasta desesperación que la lleve a cuestionarse no solo su identidad, sino incluso su relación con Dios. Este tipo de creencias hace que la soltería se torne una carga y se asuma como un problema que resolver, en vez de ser una bendición que disfrutar.

Dios no tiene planes de vida idénticos para todos Sus hijos; no estamos obligados a seguir un patrón uniforme. Esto quiere decir que mientras puede haber un hombre que se case a los 21 con la mujer de su vida, otra mujer puede conocer a un hombre de Dios a sus 42 (¡o a cualquier edad!) y casarse. También puede darse el caso de ese hombre o de esa mujer que enviudó al año de casada. ¿Alguno de ellos está fuera de la voluntad de Dios o menos capacitado para vivir los propósitos de Dios? Según la Biblia, a ninguno de ellos le falta nada. Sin embargo, la sociedad en la que vivimos tiende a esperar que los acontecimientos de la vida de todos los cristianos pasen al mismo tiempo. Cuando no sucede así (porque solo Dios sabe qué es lo mejor para cada uno) comenzamos a preguntarnos qué es lo que puede estar mal con esa persona.

La soltería no es un tiempo de espera que nos prepara para una vida mejor. Sin embargo, hay algo de cierto en esta frase porque la soltería, pero también el matrimonio, la viudez, y la vida en sí misma en cualquiera de sus estados, siempre serán tiempos de espera para una vida mejor que compartiremos con Cristo. Pero de ningún modo puede vivirse la vida en un estado de pausa porque esperamos que llegue lo que creemos que es lo mejor para todas las personas (el matrimonio).

¿Quieres dejar de esperar?

La primera vez que organicé uno de mis seminarios en línea para solteros, uno de los temas incluidos se titulaba «El secreto para dejar de esperar». Una de las participantes me escribió muy emocionada unos días antes del seminario. Estaba entusiasmada por todo lo que aprendería y me confesó que estaba especialmente impaciente por aprender cómo dejar de esperar, porque eso significaba que Dios le diría cómo encontrar a su esposo lo más pronto posible. ¡Vaya que se llevó una sorpresa cuando llegamos a ese módulo y descubrió que ese no era el enfoque!

El secreto para dejar de esperar en tu soltería no es que tus circunstancias cambien, sino dejar de vivirla como una sala de espera. Por supuesto que esto no implica que dejarás de anhelar casarte y formar una familia, ni que dejarás de confiar en Dios para ese anhelo. Se trata de abandonar cualquier creencia errónea que te haga actuar como si tu vida estuviera en pausa o incompleta. Se trata de recibir con gozo el regalo que Dios ha puesto en tus manos hoy, reconociendo que, en Él, nada te falta. Lo mejor que te pudo haber sucedido, la única cosa por la cual necesitarías haber realmente esperado ya llegó a tu vida y es Jesucristo. Ya somos amados en Él, escogidos y llenos de propósito.

Vivir tu soltería con los ojos puestos en la espera por el matrimonio va a tener un efecto negativo en tu presente y, si no lo enfrentas, también podría afectar tu futuro. Mientras más esperamos por lo que no llega, más nos impacientamos y más largo se hace el proceso. Por eso quisiera invitarte a esperar en Dios y en Su voluntad que, si bien es desconocida para ti, es también buena, agradable y perfecta cuando somos capaces de rendirnos y renovar nuestro entendimiento en Él (Rom. 12:1-2).

Quisiera terminar este capítulo retándote a limitar las veces que usas la expresión «esperar» al referirte a tu soltería o a la de otros. Esto va a requerir que transformes tu entendimiento y que reemplaces cualquier pensamiento que te lleve a vivir en pasividad la vida que el Señor te ha dado hoy. Una idea práctica para esto es hacer una lista de aquellas cosas que son una ventaja en tu vida debido a tus circunstancias actuales, por ejemplo: libertad para decidir cuándo viajar, dónde vivir, tiempo para pasar entre amigos, tiempo para servir a otros, una oportunidad para invertir en tu desarrollo académico, profesional o ministerial. Puedes hacer otra lista de las cosas por las cuales agradeces a Dios en este tiempo de tu vida, comenzando por tu salvación y seguridad de tu destino eterno ¡hasta por no tener que dormir con los ronquidos de otra persona! No, no estoy tratando de pintarte un panorama de que la soltería es un paseo mágico y que el matrimonio es una prisión. Ambos regalos tienen sus ventajas y desventajas. Solo quiero que, al ser realista acerca del regalo que está en tus manos, puedas abrir tus ojos a las muchas bendiciones que trae Dios a tu vida en esta etapa y dejes de vivirla en una sala de espera, si ese ha sido el caso para ti.

Mi oración por ti es que no haya nada en este momento de tu vida que te impida ver y aprovechar el regalo que Dios ha puesto en tus manos, que puedas salir del «modo espera» si acaso estás en él y que puedas vivir tu soltería caminando en el gozo de tu salvación. En el próximo capítulo estaremos hablando acerca de la percepción de la soltería como una condena a la soledad, desde una perspectiva muy necesaria y anclada en la verdad ¡sé que te bendecirá!

CAPÍTULO IV

UN INDULTO A LA CONDENA DE LA SOLEDAD

A NUESTRO LADO SIEMPRE

Ese día le había pedido a mi mentora de la iglesia que almorzáramos juntas. Necesitaba desahogarme con urgencia, pero también necesitaba un consejo práctico. «Estoy tan cansada de no tener novio, Cristina», le dije en tono de queja. «¡No quiero estar sola toda mi vida!». Cristina, quizás sintiéndose un tanto impotente para responder a mi queja, decidió recordarme la verdad más importante: «Aún si nunca te casaras, Clara, ¡no estás sola ni lo estarás! Jesús ha prometido estar contigo siempre».

Necesito confesarte que sus palabras sonaron muy lindas y espirituales, pero no me consolaron. No las sentía realistas. Pensaba: «Bueno, claro que sí, Dios está conmigo siempre, pero yo me refiero a estar acompañada de verdad». Sí, yo era cristiana y creía en Dios, pero estaba convencida de que Él, un ser a quien yo no podía ni tocar ni escuchar audiblemente, no iba a llenar mi necesidad de tener un novio, de vivir ese amor romántico que tanto anhelaba y, en especial, de liberarme de la condena a la soledad a la que tanto le temía. *Después de todo-* pensaba- *la Biblia dice que no es bueno que el hombre esté solo. No, definitivamente no fui creada para quedarme sola y,* concluía siempre, *por eso necesito un esposo.*

Esta creencia era en gran parte lo que me mantuvo por años deseando profundamente el matrimonio hasta un punto casi obsesivo. La idea de que la vida en pareja era la única realidad en la que no experimentaría la soledad alimentaba constantemente mi temor de «quedarme sola». De hecho, en muchas de mis conversaciones cotidianas lo expresaba así: «Sigo orando por un esposo; Dios sabe que no quiero quedarme sola». Lo que pasa es que solemos pensar que el matrimonio es el «antídoto» para vacunarnos contra la soledad. Escuchamos decir con frecuencia, «si no quieres quedarte solo para toda la vida, debes casarte». Por eso la búsqueda de pareja llega a convertirse en una angustia que va más allá del anhelo y necesidad natural de ser amado, llegando a convertirse en la premisa de que el matrimonio es nuestro indulto contra la condena de la soledad.

La idea de que la soltería es un sinónimo de soledad no está solo en nuestras mentes. El concepto que comunica la sociedad de amor romántico y de lo que puede hacer por nosotros perpetúa la idea de que en la vida en pareja siempre te sentirás acompañado y completo, mientras que la soltería es un boleto sin retorno a una vida de soledad. Este patrón de pensamiento suele ser tristemente reforzado en nuestra iglesia, cuando la enseñanza de «no es bueno que el hombre esté solo» se tergiversa y se termina afirmando con una supuesta autoridad bíblica que el estado civil ideal es el de estar casados. En este sentido, la interpretación distorsionada de este versículo de Génesis 2:18 plantea la conclusión de que estar soltero = malo, y estar casado = bueno. Es como si la soltería fuese presentada en la Biblia como un fenómeno negativo y completamente excepcional, al que solo unos pocos a lo largo de la historia, han sido llamados.

El resultado es que muchos terminan eligiendo mal al optar por aquello de que «peor es nada» (¡vaya dicho desafortunado de nuestra cultura!). Elegir a una persona por las razones incorrectas puede llegar a ser una de las peores elecciones que alguien tome en su vida. Una mujer casada me compartió la tristeza de la experiencia que vivía: «dentro del matrimonio se puede llegar a sentir la soledad más profunda, aún más que estando soltero». Esto es lamentable, pero es la realidad en algunos matrimonios, en especial en aquellos que decidieron unir su vida a otros por las razones erradas, siendo una de ellas intentar escapar de una supuesta condena a la soledad.

Una conclusión lógica pero errada

Con todo lo que se escucha y se promueve en la cultura y la iglesia, resulta completamente lógico y entendible que las personas le teman tanto a la posibilidad de una vida de soltería permanente. Algunos están dispuestos a «esperar» un poco más si es necesario, pero pocos aceptan la posibilidad de que la soltería pueda ser la voluntad buena, agradable y perfecta de Dios. Uno de los comentarios más populares que recibo en redes sociales cada vez que hablo sobre este tema (que la soltería podría ser la voluntad de Dios para tu vida), es «no, eso es imposible. Dios es bueno y Él no sería tan cruel de dejarme soltero. No. Dios quiere cosas buenas para nosotros».

Es aquí donde se encuentra el punto más interesante de este planteamiento y el que espero pueda comenzar a abrir tus ojos a la verdad de nuestro Dios en este tema: Claro que sí, ¡Dios es un Padre que da cosas buenas a Sus hijos! Entre esas cosas provistas por Dios pudiera estar el matrimonio o pudiera estar la soltería. Pero es tan difícil para algunas personas entender la bendición de la soltería debido a esta asociación automática con la vida solitaria. ¿Quién podría creer que estar soltero por un tiempo o para toda la vida puede ser algo bueno, si forzosamente significa una condena a la soledad?

Sam Allberry llega a la misma conclusión en su libro *7 Mitos sobre la soltería*: «En el mundo de hoy se supone que la elección de estar solteros es una elección de estar solos. No es de extrañarse entonces que la soltería parezca algo insoportable para muchos».[1]

La verdad acerca de la soledad

Aunque pudiera no ser tu caso, para muchos es muy común que la soledad sea uno de los temores principales de las personas que se encuentran solteras y, tristemente, también la motivación para preferir iniciar una relación que está lejos de lo que realmente quieren, solo porque simplemente significa que «ya no estaré solo».

Pero la conclusión a la que he llegado, luego de mi propia experiencia y crecimiento de la mano de Dios, es que el sentimiento de soledad permanente en la vida del creyente puede ser un contrasentido. De hecho, cuando hablo con personas sobre este tema, suelo referirme a «la mentira de la soledad». Esto no es porque no haya experimentado yo misma la soledad o que no comprenda

---

[1] Allberry, Sam. *7 Miths about Singleness*, (2019) pág. 47. Traducción propia.

que tus sentimientos de soledad son reales y válidos, sino porque creo que todo cristiano tiene la responsabilidad de confrontarse a sí mismo con lo que cree. Lo que quiero decir es que yo misma tuve que cuestionarme mis propias creencias de lo que significaba el evangelio y cuánto creía que la Palabra de Dios era cierta y real en mi vida. La Biblia nos recalca en múltiples ocasiones que Dios está con nosotros. De hecho, ¡uno de los más inmensos regalos que nos dejó Jesús fue el tesoro de tener al Espíritu Santo *con* nosotros, habiendo sido *sellados con Él*! Esta es una realidad en la cual quiero invitarte a meditar seriamente.

No podemos creer algunas partes de la Biblia y otras no. Esto quiere decir que, si creemos, por ejemplo, en la obra salvadora de Jesús, la bondad y la omnipotencia del Padre o en que Dios sacó al pueblo de Israel de Egipto, debemos también creer en Su promesa de estar a nuestro lado siempre. El consejo de mi mentora fue absolutamente acertado, pero no me consoló en ese momento porque yo no creía por completo que la presencia y compañía de Dios eran tan reales como el resto de Su Palabra. No creía que tener a Jesús era el verdadero y permanente antídoto contra la soledad. Por eso quisiera invitarte a considerar la verdad bíblica de las palabras de Jesús, «... y ¡recuerden! Yo estoy con ustedes todos los días, hasta el fin del mundo» (Mat. 28:20), y luego te hagas esta pregunta, ¿Creo que Dios está conmigo y que Su presencia es real en mi vida?

Quisiera pedirte que te tomaras algunos minutos para leer y meditar en los siguientes pasajes. Son solo algunos de los versículos que nos hablan de la presencia real de Dios en nuestra vida:

- «El Señor mismo marchará al frente de ti y estará contigo; nunca te dejará ni te abandonará. No temas ni te desanimes» (Deut. 31:8, NVI).

- «Ya te lo he ordenado: ¡Sé fuerte y valiente! ¡No tengas miedo ni te desanimes! Porque el Señor tu Dios te acompañará dondequiera que vayas» (Jos. 1:9, NVI).

- «En ti confían los que conocen tu nombre, porque tú, Señor, jamás abandonas a los que te buscan» (Sal. 9:10, NVI).

- «Aunque mi padre y mi madre me abandonen, el Señor me recibirá en sus brazos» (Sal. 27:10, NVI).

- «¿A dónde podría alejarme de tu Espíritu? ¿A dónde podría huir de tu presencia? Si subiera al cielo, allí estás tú; si tendiera mi lecho en el fondo del abismo, también estás allí. Si me elevara sobre las alas del alba, o me estableciera en los extremos del mar, aun allí tu mano me guiaría, ¡me sostendría tu mano derecha!» (Sal. 139:7-10, NVI).

- «Vuelvo la mirada a la derecha y nadie viene en mi ayuda. ¡No hay nadie que me defienda! ¡No hay nadie que se preocupe de mí! A Ti clamo, Señor, y te digo: "Tú eres mi refugio; Tú eres todo lo que tengo en esta vida"» (Sal. 142:4-5, DHH).

- «Y yo le pediré al Padre, y él les dará otro Consolador para que los acompañe siempre: el Espíritu de verdad, a quien el mundo no puede aceptar porque no lo ve ni lo conoce. Pero ustedes sí lo conocen, porque vive con ustedes y estará en ustedes. No los voy a dejar huérfanos; volveré a ustedes» (Juan 14:16-18, NVI).

- «No te desampararé, ni te dejaré» (Heb. 13:5, RVR1960).

Una realidad práctica

La presencia de Dios en tu vida es tan real como la presencia de cualquier otra persona que puedas tocar o abrazar. Además, se trata de tu Padre, tu Creador, el Dios del universo, quien ha prometido estar al lado de Sus hijos y nunca abandonarlos. Puedes confiar en Su promesa como tu antídoto auténtico contra la soledad. Pude comprobar esta verdad en mi vida tiempo después de esa conversación con Cristina. Entendí que la presencia y compañía de Dios eran realmente efectivas para aliviar mis sentimientos de soledad. Comencé a invitar a Dios a llenarme con Su presencia cada vez que me sentía sola (al vivir sola, al dirigirme sola al trabajo o caminar sola por la calle). No solo oraba en la mañana, sino que lo invitaba a estar conmigo mientras tomaba un café. Cada vez que me tocaba ir a un casamiento o evento sola (antes hubiera sido una de mis torturas) comenzaba a decirle: «Bueno Jesús, acompáñame. Si me siento sola o me sintiera inferior por no ir con una pareja, cumple tu promesa de que tú estás conmigo siempre». Quizás esto te puede sonar un tanto ingenuo, pero te invito a hacer este ejercicio espiritual. Tenemos que vivir la realidad bíblica de la presencia de Dios, prometida y garantizada por medio del Espíritu Santo. La sensación de soledad fue disminuyendo con el paso de los meses y comencé a tener pensamientos de saberme acompañada por el Señor e incluso aprendí a sentirme valorada y amada, aunque no tuviese una persona físicamente a mi lado. Dios es capaz de llenar tu vacío más profundo; con Jesús estás acompañado de por vida y «de verdad».

Soltero = ¿Solo?

Algunas personas piensan que la soltería es mala por diferentes razones. En primer lugar, porque la igualan a la soledad y, en segundo lugar, porque la Biblia afirma esta idea en Génesis, «Entonces el Señor Dios dijo: "No es bueno que el hombre esté solo; le haré una ayuda adecuada" (2:18). Si uno supone que estar soltero es sinónimo de estar solo e interpreta que la Biblia llama «malo» a la soltería, entonces se concluye que no estar en pareja es malo. Fin de la conversación. Pero ese pasaje de Génesis trata de mucho más que esto.

La Biblia no se contradice. Lo que tenemos que valorar de las palabras del Señor es el establecimiento de un hermoso principio que nos explica la razón de la creación de la mujer. Sin duda, se trata de un principio que se aplica a la unión matrimonial donde claramente encontramos la razón para que un hombre y una mujer se unan, pero el principio no alcanza exclusivamente esta relación. Timothy Keller lo explica:

> «El hombre y la mujer se complementan el uno al otro, y juntos reflejan la imagen de Dios (Gén. 1:26-28), pero esto no es algo que solo los casados hacen, sino que pasa naturalmente dentro de una comunidad cristiana fuerte, donde el compartir nuestro corazón y nuestras vidas va más allá de lo superficial, y en un espacio donde los hermanos y hermanas en Cristo viven un ministerio de enriquecimiento mutuo».[1]

---

[1] Keller, Timothy. *The Meaning of Marriage* (2011) pág. 114. Traducción propia.

Creados para vivir en compañía

En este sentido, es cierto, ¡no es bueno que el hombre esté solo! La compañía es una bendición para todos. No obstante, es muy importante entender que esta compañía no se agota con la relación sentimental o matrimonial. Por medio de las relaciones de familia, amistad y de hermanos en la fe se establecen vínculos significativos por medio de los cuales vivimos este principio. No fuimos creados para vivir vidas solitarias, aisladas o en exclusiva comunicación con Dios. Necesitamos de otros para vivir, amar y servir ¡Necesitamos de otros para llorar y reír! Limitar la idea de compañía a la relación matrimonial es también limitar el regalo que Dios nos ha dado a través de la amistad, de los vínculos familiares y hasta de pertenecer a un grupo laboral o a una sociedad.

Todos, hombres y mujeres, nos necesitamos los unos a los otros siempre, ¡más aún cuando pensamos en que somos el Cuerpo de Cristo, con distintas partes que cumplen distintas funciones y que se apoyan mutuamente para cumplir con los propósitos de Dios. La labor de hombres y mujeres —solteros, casados, viudos— se complementa en la iglesia, desde sus fortalezas y debilidades. En la familia también vemos este principio operativo, así como en el área profesional. Solo cuando entendemos ampliamente este principio es que podemos conciliar las palabras del Señor al principio de la creación (Gén. 2:18) con los consejos de Pablo a los corintios (1 Cor. 7), así como todo el contenido bíblico sobre la suficiencia de Jesús en la vida de cada creyente.

No necesitamos convertirnos en alguien más, adquirir un determinado rol (esposo, esposa, madre, jefe) o determinadas posesiones para poder experimentar la plenitud de Cristo. Sin embargo, esto no excluye que somos llamados, como parte de la familia en la fe, a ser parte de una comunidad, donde vivir el evangelio es hacer discípulos, amar y servir. Proverbios nos recuerda que, «El hierro se afila con el hierro, y el hombre en el trato con el hombre» (Prov. 27:17, NVI). La verdad es que ¡necesitamos de otros para crecer!

Si has sentido la tentación de pensar que la vida en soltería es igual a la soledad, te animo a que profundices en este principio bíblico porque no fuimos creados para vivir en aislamiento. Una persona que permanezca soltera toda su vida puede vivir completamente acompañada en medio de una comunidad de creyentes, casados, viudos, mayores y menores, porque es parte de la familia del Señor, una comunidad donde todos tenemos un lugar y donde reconocemos nuestra necesidad de ser un reflejo del amor de Cristo entre nosotros y para el mundo.

Si la soltería fuese una condena a la soledad y el matrimonio su antídoto, entonces no existirían personas casadas que se sientan completamente solas. Sin embargo, muchas personas casadas, en especial cuando las cosas no andan muy bien, pueden llegar a sentirse muy solas. Vivir la vida en compañía es un asunto de comunidad, de pertenencia y de formar relaciones significativas con otros, no de un estado civil específico.

> «Vivir la vida en compañía es un asunto de comunidad, de pertenencia y de formar relaciones significativas con otros, no de un estado civil específico».

Mientras no me case, ¿me quedaré sin familia?

Es lógico llegar a pensar que el matrimonio es lo único que puede proveernos vida familiar, en especial porque así lo vemos retratado en películas y otras referencias culturales. Yo sentía esta inquietud con frecuencia porque pensaba que, en el futuro, si no me casaba, me quedaría sin familia. La mía no era particularmente unida ni numerosa, básicamente éramos mi mamá y yo. Muchas veces, pensé que el día que ella faltara, me quedaría completamente sola en el mundo. Es posible que este pensamiento añada cierta presión adicional a la idea y a la importancia de casarse en algunos. Por otra parte, si has escuchado, como tantas veces yo lo hice, que «la familia es la mayor bendición», puede que esta idea también te haya generado cierta angustia. En el próximo capítulo ahondaré más en las raíces y veracidad de esta afirmación, pero por ahora quisiera dejar claros dos puntos en cuanto a esta idea:

- **La mayor bendición:** Si existe algo a lo que podemos llamar «la mayor bendición» en la Biblia, es el regalo de la salvación y redención eternas. Ya cuentas con eso si has creído en Cristo y Su obra.

- **Un nuevo tipo de familia:** Jesús replantea la forma en que podemos entender nuestra idea de familia:

> «¿Quiénes son Mi madre y Mis hermanos?», les dijo Jesús. Y mirando a los que estaban sentados en círculo alrededor de Él, dijo: «Aquí están Mi madre y Mis hermanos. Porque cualquiera que hace la voluntad de Dios, ese es Mi hermano, y hermana y madre» (Mar. 3:33-35).

Me gusta el planteamiento que hace Sam Allberry cuando afirma que «es nuestra orientación espiritual hacia Cristo, más que nuestro nacimiento físico o nexos biológicos, lo que se vuelve más importante en términos de nuestra pertenencia a una familia. Nuestra familia física no es nuestra única familia».[1] También nos recuerda que los salmos nos presentan a Dios como: «Padre de los huérfanos y defensor de las viudas. Es Dios en Su santa morada. Dios prepara un hogar para los solitarios; conduce a los cautivos a prosperidad; solo los rebeldes habitan en una tierra seca» (Sal. 68:5-6). ¡Nosotros somos las familias de las que Dios habla en ese salmo, aquellas en las cuales Dios prepara un hogar para los solitarios! Somos las madres y padres, las hermanas y hermanos, hijos e hijas que Jesús promete en Marcos.[2]

Es posible que hayas escuchado en más de una ocasión afirmaciones como que un cristiano no cumple su propósito si no tiene hijos físicos porque hay que «ser fructífero y multiplicarse» o afirmaciones más prácticas como, «si no te casas y tienes hijos, ¿quién cuidará de ti en la vejez? ¿acaso quieres pasar

---

[1] Allberry, Sam. *7 Myths about Singleness*, (2019) pág. 68. Traducción propia.
[2] Ibid. Traducción propia

tus últimos años también en soledad?» Al respecto, quisiera hacer algunos recordatorios que no tienen la intención de decirte «resígnate a la soltería», sino de aportar una visión bíblica y verdadera a estas ideas:

- Constituir una familia no te garantiza compañía para siempre. El propósito de tener hijos, desde una perspectiva bíblica, no es que crezcan para cuidarnos en la vejez.

- La bendición de tener hijos físicos no es la mayor bendición que podemos tener. También es cierto que los hijos físicos no son el único tipo de hijos que podemos tener, la maternidad y paternidad espirituales son cosas reales. ¡El mandato de Jesús en Mateo 28 nos llama a multiplicarnos espiritualmente! El evangelio es eminentemente reproductivo.

- Multiplicarse y ser fructíferos es mucho más que solo reproducirse. Muchas personas que no pueden tener hijos han decidido adoptar. Muchos que nunca llegan a tener hijos (biológicamente o por adopción) juegan sin embargo un rol vital en el cuidado de otros.[1]

Dios te ha regalado una familia eterna cuando te adoptó como su hija o hijo. Esa familia está contigo hoy, aquí en la tierra: Su iglesia. El cuerpo de creyentes alrededor del mundo es tu familia, tú compañía en este camino. En una comunidad cristiana sana debe haber todo tipo de espacios adecuados para cada edad e intereses que nos permitan interactuar, acompañarnos y crecer juntos. Aunque la soledad puede ser un desafío en esta etapa que Dios termina usando para nuestro crecimiento y dependencia de Él, pienso que no debe necesariamente ser esta la realidad de todos los cristianos solteros, porque al vivir una relación plena con Jesús y pertenecer a una familia eterna, los solteros pueden estar rodeados de tanta compañía y comunidad como necesiten. Hechos nos presenta cómo la Iglesia primitiva enfrentó todas las clases de sufrimiento: pobreza, persecución, hambre; pero nadie en la Iglesia parece haberse sentido solo. El Cuerpo de Cristo era su comunidad.[2]

---

[1] Ibid. pág.90. Traducción propia.
[2] Greear, J.D. *God's plan for singleness*: https://summitchurch.com/message/gods-plan-in -singleness. Traducción propia.

Tu lugar en la comunidad

Hace unos años escuché a un pastor enseñar sobre soltería de una forma cruda pero veraz. Él decía que ser soltero en el mundo cristiano actual puede llegar a ser uno de los estados más solitarios existentes, justamente por las deficiencias que existen en nuestra iglesia con respecto al lugar que se les da a los solteros en la comunidad. Yo justo estaba viviendo la realidad de mi soltería y lamentaba coincidir plenamente con su opinión. Lo que sucede es que algunas congregaciones cristianas han construido dinámicas en las que solo encaja el modelo familiar y, por lo tanto, los solteros de cualquier edad (desde jóvenes hasta adultos mayores) encuentran dificultad para hallar su lugar dentro de ese esquema de comunidad. Es necesario que cada iglesia ofrezca espacios que incluyan no solo a los solteros, sino a todo miembro de la familia de Cristo que no encaje dentro de la ecuación papá-mamá-hijos. Los miembros de cualquier iglesia cristiana, debemos rodear y acompañar delibe- radamente a nuestros solteros, haciéndolos no solo parte de las actividades donde «encajen», sino de nuestra vida ministerial, social y familiar. Los casados y solteros pueden aprender unos de otros, porque todos somos parte de un Cuerpo que se edifica mutuamente.

Conozco la verdad, pero aún experimento soledad

Los momentos de soledad son normales e inevitables durante la vida y no podría decir que son exclusivos de un estado civil de soltería. Todos los seres humanos experimentamos soledad con mayor o menor frecuencia. Si bien estos sentimientos pueden llegar a ser amargos para muchos, también es cierto que Dios puede usarlos para que crezcamos en dependencia de Él y así lo reconozcamos como nuestra principal fuente de vida y compañía. Con esto no estoy tratando de minimizar que la soledad que pudieses estar experimen- tando en tu soltería es real y que tus sentimientos e inconformidad con ella son completamente válidos. No es mi intención decir que deberías descartar esos sentimientos si los tuvieras, sino afirmarte primero (que es lo que espero haber hecho en este capítulo) en la verdad bíblica de tu situación como hijo o hija de Dios y miembro de una familia universal, para que entonces puedas lidiar con esos sentimientos desde tu realidad como cristiano.

Me gustaría cerrar dándote algunas ideas prácticas para esos momentos en los que experimentas soledad:

1. Acércate a Dios. Él es tu principal compañía y tu plenitud. Aunque al principio pudiese sentirse un poco incierto, ¡vive tu vida cotidiana con Él! Habla con Él mientras te tomas un café o cuando vas manejando o estás sentado en el metro. Permanece en Su Palabra y reconoce la presencia de Dios prometida en cada momento de tu vida.

2. Busca de manera deliberada formar y mantener relaciones de amistad significativas. La amistad es un gran regalo que el Señor nos dio a los seres humanos, ¡hay amigos más unidos que un hermano! (Prov. 18:24). Es una decisión sabia acercarnos intencionalmente a personas que pueden edificar nuestra vida, acompañarnos y a quienes también podemos servir. No esperes que los amigos te caigan del cielo; ya aprendimos que no es bueno andar solo por la vida y por eso debes formar deliberadamente amistades valiosas.

3. Practica la hospitalidad. He descubierto que servir a otros es el gran antídoto para vencer mi egocentrismo y evitar agrandar mis penas más de lo que debería. Enfocarte en otros no solo es un llamado bíblico por medio del cual reflejamos mejor a Jesús, sino que nos permite sentirnos acompañados en las distintas pruebas y vivencias de la vida (Rom. 12:13).

4. Recuerda siempre que este mundo no es tu hogar. Hay una frase popular de C. S. Lewis en su obra *Mero Cristianismo* que dice, «Si encuentro en mí mismo un deseo que nada de este mundo puede satisfacer, la explicación más probable es que fui hecho para otro mundo».[1] Siempre tendremos vestigios de inconformidad, soledad y vacío mientras estemos en este mundo. Recordar que nunca habrá otro ser humano, grupo de amigos, dinero, poder o logros que nos satisfagan lo suficiente y para siempre es central para que podamos mantener nuestros ojos puestos en una eternidad al lado del Único que sí podrá satisfacernos un día y para siempre.

---

[1] Lewis, C.S. Mero cristianismo, 1952. Pág.

CAPÍTULO V
LA IDOLATRÍA AL MATRIMONIO EN LA IGLESIA

EL MATRIMONIO Y UN BECERRO DE ORO

Hay una historia en el Antiguo Testamento que siempre me asombra, no solo por la situación concreta propiciada por el pueblo de Israel, sino por la forma en que ejemplifica tan claramente nuestra propia naturaleza pecaminosa e idólatra.

En Éxodo nos encontramos con que el pueblo de Israel se impacientó enormemente luego de haber esperado por un tiempo que aparentemente les pareció demasiado largo que Moisés descendiera del Monte Sinaí. Ellos pensaban que Moisés se había tomado mucho tiempo en el monte (aunque sabemos que no fueron más de 40 días) y como no sabían «qué le haya acontecido» (32:1) le exigieron a Aarón, el segundo al mando, que les fabricara un dios que los guiara en su trayecto a la tierra prometida.

Recordemos que este había sido el mismo pueblo que había visto con sus propios ojos cómo Jehová los sacó milagrosamente de la tierra de Egipto donde eran esclavos, abrió el mar en dos para que pudieran pasar y les proveyó alimento diario que caía, literalmente, del cielo. Incluso, se trataba del mismo pueblo que, tan solo un par de meses antes había escuchado la mismísima voz de Dios tronar desde el cielo y declararles los Diez Mandamientos, entre muchos otros milagros de los que fueron testigos presenciales.

A pesar de todo lo que vieron, le pidieron a Aarón que les fabricara un dios. El hermano de Moisés accedió a su pedido y les pidió sus posesiones de oro, las fundió y con un cincel hizo una figura parecida a un becerro. Lo que pasa a continuación es todavía más desconcertante, porque deciden proclamar a esta pieza de oro con rostro de becerro como «el dios que los sacó de Egipto» (v.4), para luego ofrecer holocaustos, ofrendas y hacer una fiesta dedicada a este dios recién inventado. Dios urgió a Moisés para que descienda a poner orden en este desastre idólatra. Luego de que Moisés le imploró a Dios que no derramase toda la ira que les correspondía por esta absurda idolatría, observa el espectáculo de fiesta del pueblo de Israel (que algunos comentaristas bíblicos califican como «de fiestas inmorales y de desenfreno sexual»[1]) y se llena de ira. De inmediato destruye al becerro, los reprende y decide ir nuevamente a encontrarse con Dios para ver si era posible expiar de alguna manera el pecado cometido por el pueblo. Dios afirma que borrará de Su libro a todo el que haya pecado en Su contra y ordena acabar con la vida de los desobedientes, que fueron más de 3000 hombres (32:28).

Aunque mi recuento de este acontecimiento de Éxodo no es para nada exhaustivo (¡te invito a leerlo y estudiarlo con calma!), quisiera destacar algunos puntos interesantes que me servirán de base para lo que quiero desarrollar en este capítulo:

- Aarón no solo había hecho el becerro, sino que también le construyó un altar y dijo, «mañana será fiesta para el Señor», refiriéndose a Jehová (me parece un poco cínica esta afirmación). El comentarista David Guzik plantea que, pese a la creación y adoración del becerro de oro, la visión defectuosa del pueblo no les permitía ver que estaban rechazando del todo a Dios, sino que lo más probable era que querían *añadir* el becerro a su adoración, como «algo más» que podría darles lo que necesitaban. Quiero que hagas una nota mental sobre este punto porque volveremos más adelante sobre él.

- Es importante insistir en que este era un pueblo que había visto la mano de Dios de formas poderosas, compasivas y milagrosas; habían experimentado su protección y provisión de maneras en las que ningún otro pueblo lo había hecho. Es posible pensar que debían tener recuerdos frescos sobre la intervención y la bondad de Dios en sus vidas. También

---

[1] «El verbo *sahaq* significa borrachera, orgías y juegos sexuales inmorales». (Kaiser) Un diccionario Hebreo usa la frase «caricias conyugales», como también se encuentra en Génesis 26:8, 39:14 y 39:17. Comentario bíblico de David Guzik sobre Éxodo 32.

les fueron reveladas verdades de la santidad de Dios y el mandamiento clarísimo de adorarlo solo a Él.

- También observamos que las conductas pecaminosas normalmente no vienen solas. Es decir, el pueblo pidió un ídolo, lo adoró y celebró un festín inmoral en honor a ese ídolo vacío.

- Por último, como a lo largo de todo el Antiguo Testamento, vemos la necesidad urgente de recibir expiación por nuestro pecado, de que haya algo que nos justifique y salve de la muerte que trae, indefectiblemente, el pecado en nuestra vida. Hoy sabemos que Dios nos dio esa perfecta y suficiente provisión a través de Su Hijo, Jesús. Este es el aspecto más importante que quiero que tengas primeramente en cuenta en toda tu vida y también, de forma particular, para adentrarnos en el tema del matrimonio y la visión que como iglesia y creyentes tenemos de él.

Pero, ¿qué tiene que ver un becerro de oro con algo tan bueno como el matrimonio?

Hace unos meses, leí este pasaje en Éxodo 32 durante mi estudio personal de la Biblia. Ese mismo día por la tarde, me topé con una de las tantas prédicas en línea que me suelen «hacer ruido» sobre cómo todo cristiano piadoso debe procurar para sí, de manera urgente, una pareja para casarse y de cómo no hay un estado más «santificador» que el matrimonio. En esta enseñanza concreta (facilitada por un líder cristiano híper popular en Latinoamérica y con cientos de miles de visitas en YouTube) incluso se llegó a afirmar con claridad que no había una mayor evidencia de la bendición de Dios en la vida de un cristiano que el regalo del matrimonio, porque es con la constitución de la familia que podemos tener mayor testimonio y darle al Padre más gloria.

Ese día no pude hacer una conexión inmediata con el relato del becerro de oro, aunque no parecía tener una correlación obvia. Realmente no creo que fue casualidad que hubiese sido mi pasaje de reflexión matutina. ¿Acaso estamos enseñando y afirmando como iglesia que hay algo más aparte de Jesús que necesitamos para nuestro bienestar? ¿En qué momento llegamos a equiparar la celebración de una unión sagrada, pero terrenal, a la mayor expresión de la bendición de Dios en la vida de alguien? ¿No es más bien la persona de Jesús quien tiene exclusivamente este lugar principal? Es en este sentido que observo un paralelismo entre ese becerro de oro construido como algo que «añadir» a la adoración en Éxodo y la forma en la que se tiende a elevar el matrimonio, casi como algo necesario que adjuntar a nuestro camino de bienestar y santificación. Tengo que aclarar que sí puede ser un instrumento de Dios en ese camino, pero el matrimonio jamás podrá proveer lo que ya Dios proveyó para nosotros a través de Su Hijo.

La visión que tengamos como creyentes, tanto a nivel individual como colectivo, sobre la soltería y el matrimonio definirá el lugar que le demos a ambos en nuestra vida y cómo los transitaremos. También definirá si tropezaremos con enseñanzas erradas que terminan idolatrando alguno de estos estados y si nos sentiremos tristes, urgidos o desesperados porque seguimos solteros y no nos hemos casado (¡o llenos de orgullo por haberlo hecho!), como si esto fuera una pieza fundamental que nos falta para completar la vida plena que nos ha sido regalada.

Aunque la tendencia a idolatrar alguno de estos estados dentro de la iglesia se inclina mucho más al matrimonio, también es cierto que las generaciones más jóvenes están siendo influenciadas por la idolatría de la supuesta libertad y realización personal que garantiza la soltería. Ambos extremos son potencialmente peligrosos para el corazón. Eso me hace pensar que es necesario que todos, solteros, casados, líderes y pastores tomemos el tiempo para examinar si lo que creemos sobre la soltería y el matrimonio está fundamentado en todo el texto bíblico o si esta visión también ha sido influenciada por nuestra familia, cultura y vivencias.

Como vivimos en un mundo imperfecto, pese a que muchos conocimos a Dios y a Su Palabra desde jóvenes, debemos reconocer que es bastante posible que hayamos adquirido distorsiones que le dieron forma a lo que entendemos por la soltería y el matrimonio. Parte de la transformación que Dios hace en nosotros a través de Su Espíritu Santo, pasa por transformar nuestra mente, para así conocer qué es lo que realmente quiere Dios en todas las cosas:

«No se amolden al mundo actual, sino sean transformados mediante la renovación de su mente. Así podrán comprobar cuál es la voluntad de Dios, buena, agradable y perfecta» (Rom. 12:2, NVI).

Oro para que este capítulo te ayude a comenzar ese proceso de transformación de tu entendimiento, afirmando los conceptos bíblicos que ya conocías y también puedas recomponer tu visión en caso de que hayas estado creyendo ideas equivocadas respecto al lugar del matrimonio en tu vida y en la de los demás.

Una idolatría histórica

La idolatría al matrimonio dentro y fuera de la iglesia no es una tendencia nueva. Las distintas civilizaciones han idolatrado el matrimonio por siglos, porque a través de la historia fue la institución que permitía preservar un nombre, una herencia, el honor de una familia y la raza humana misma. En su libro El Significado del Matrimonio, Timothy Keller nos recuerda que casi todas las religiones y culturas antiguas le atribuían un valor absoluto a formar una familia y tener hijos. No había honor sin honor familiar y no había un propósito real o legado sin dejar herederos. Sin hijos, esencialmente te desvanecías. La principal esperanza para el futuro era, entonces, tener hijos. A las personas que pertenecían a culturas antiguas y que eran solteras toda su vida se las consideraba como gente con una vida sin realización.[1] Así era, hasta cierto punto, la cultura hebrea y, de hecho, a lo largo del Antiguo Testamento observamos una genuina preocupación por la constitución de la familia (búsqueda de esposas, concepción de hijos como señal de bendición y todos los otros aspectos relacionados). Esto tenía mucho sentido desde el punto de vista cultural y contextual.

Por eso la observación de nuestra historia como humanidad nos ayuda a terminar comprendiendo por qué en muchas culturas se arraigó la idea de que el matrimonio tenía que ver con el sentido de la vida ¿No crees que en nuestra cultura occidental, que ha heredado tanto de la cosmovisión de civilizaciones ancestrales (puedes investigar un poco de los conceptos mesopotámicos,

---

[1] Keller, Timothy y Kathy. The meaning of marriage (2011) pág. 108. Traducción propia.

griegos o romanos, que persisten en nuestra cultura), aún compartimos muchas de estas concepciones de vida, en especial con respecto a la familia y el matrimonio? Si nos ubicamos en la que es nuestra herencia y cultura Latinoamericana, también encontraremos que la centralidad del matrimonio y la familia es un común denominador, al menos desde un punto de vista tradicional.

Nuestra cultura latina tiende a invalidar estilos de vida que no incluyan el matrimonio, en especial después de superada la tercera década. De alguna manera, todas estas influencias han ayudado a sostener enseñanzas dentro de la iglesia que plantean al matrimonio como la opción necesaria para la mayoría «a menos que se tenga ese don inusual y extraordinario de soltería» (a este don le dedicaremos todo un capítulo).

Sin embargo, cuando Jesús estuvo en la tierra nos enseñó que nuestro enfoque debe estar en las cosas de arriba y que nuestra vida debe ser invertida en mucho más que en las ansias de lograr casarnos. Esto no quiere decir que el matrimonio no sea algo bueno, importante y sagrado, sino que, de ningún modo, puede equipararse o complementar al tesoro de la vida eterna que solo poseemos en Cristo.

Puede suceder que los argumentos expuestos en esa prédica a la que me referí te suenen un poco exagerados, o que jamás hayas escuchado afirmaciones tan categóricas sobre el matrimonio. De hecho, gracias a Dios existen muchos maestros, pastores e iglesias que enseñan correctamente el evangelio y el concepto que debemos tener del matrimonio, pero mi percepción y experiencia me dicen que no se trata de una mayoría. También entiendo que en estos tiempos donde hay una profunda crisis de valores y principios, la iglesia haya tomado la bandera por la defensa del diseño original de la familia, un concepto cada vez más desvirtuado por un mundo que lo ha querido convertir todo en relativo. Es necesario no solo elevar estos valores bíblicos, sino edificarlos con solicitud dentro de nuestra iglesia. No obstante, es posible que en el camino algunos hayamos caído en darle un peso mayor a la necesidad de casarse y se haya exaltado a la pareja o a la maternidad/paternidad más allá de lo debido. Debido a nuestra tendencia a perder el equilibrio esto es muy posible y aquí es donde debemos buscar reencauzarnos para encontrar aquello que le agrada a Dios y será realmente de bendición para nuestras vidas en este punto.

Quisiera hacerte una pregunta: cuando enseñamos o escuchamos principios como «no hay mayor bendición que el matrimonio». «el propósito de tu vida como hombre o como mujer es asumir un rol dentro de un matrimonio y así darle la mayor gloria a Dios» o simplemente «Dios es bueno. Él jamás te dejaría sin un esposo o una esposa», ¿estamos afirmando realmente una verdad bíblica? ¿Qué estamos diciendo que creemos al afirmar esos principios? ¿Necesitamos añadir forzosamente algo a nuestra vida para disfrutar de la plenitud de Dios? ¿Qué dice esto acerca de la suficiencia de Jesús en nuestra vida y del propósito claro al que se nos llama a todos sus seguidores: amarlo, y, en consecuencia, ir y hacer discípulos?

Recuerdo que en mis años de soltería las afirmaciones que acabo de enumerar eran de las que más conflicto teológico y tristeza me causaban en mi caminar con Dios y mi lugar en la iglesia. ¡Tenía que ser verdad que el matrimonio era algo supremamente importante en la vida de todo cristiano! La forma en la que se presentaba como un objetivo, un honor y, en ocasiones, casi como un rito de iniciación a la verdadera madurez espiritual, me hacía pensar que la vida cristiana no estaba completa hasta casarme. Además, ¡era algo que yo anhelaba mucho! Sin embargo, la afirmación de esta idea a lo largo de los años me generaba, como dije, un gran conflicto teológico y me hacía sentir que yo no estaba siendo suficientemente aprobada y bendecida por Dios. Me preguntaba:

Si la persona y la obra de Jesús fueron suficientes y cubrieron mi mayor necesidad, la salvación, ¿por qué siento y se me enseña que necesito casarme para ser una mujer completa?

Si la mayor bendición de Dios y la forma en la que puedo ser más santificada y darle mayor gloria es el matrimonio, ¿qué estoy haciendo mal que Dios me está negando esta bendición?

Estas preguntas dieron vueltas en mi cabeza sin respuesta por muchísimo tiempo. No fue sino hasta que mis creencias y lo que había escuchado casi toda mi vida sobre el matrimonio fueron confrontados con la verdad bíblica.

Reconozcamos un problema real

Antes de que pasemos a reflexionar un poco más sobre la verdad bíblica que debe alimentar y equilibrar nuestra visión en este tema, quiero compartir información extremadamente valiosa contigo. Puede ser que esta no haya sido tu experiencia como soltero, o que como casado o líder no se trate de algo que percibas en la iglesia, pero te pido que consideres esta experiencia como la de muchos de tus hermanos en la fe.

En mis propias vivencias durante mi soltería y en mi tiempo enseñando a solteras y solteros sobre la verdad bíblica de la soltería y el matrimonio, he podido comprobar que la tendencia que tenemos como iglesia a idolatrar esta institución se ha vuelto un problema real y urgente. Quizás pueda sonarte un poco exagerado, pero cuando la forma en la que se habla y enseña sobre el matrimonio genera presión, desesperación e incluso desolación para algunos cristianos, e incluso termina alejando a algunos de la fe, estamos ante una problemática real que requiere solución. No se puede enseñar un evangelio en una fórmula que indica que la vida plena es obtenida con *Cristo + el matrimonio*, como si ambas cosas tuvieran una misma jerarquía y relevancia. ¡Eso significaría que «Cristo en nosotros» no es suficiente!

Estar soltero y ser cristiano en la iglesia latinoamericana de hoy en día trae retos importantes. Como decía, si no estamos solteros, es fácil que como casados, líderes o pastores ignoremos algunas de las realidades y luchas particulares de esta etapa. Por supuesto, esto no se hace intencionalmente, sino que se trata de un tipo de desafío que los solteros viven internamente. Un común denominador es la dificultad que las personas solteras encuentran para compartir sus luchas con otros cristianos, en virtud de que se sienten poco comprendidos y, en algunos casos, aislados en comunidades principalmente conformadas por familias.

Pero como no quiero que pienses que esto es solo mi opinión o una impresión, a continuación, compartiré una serie de datos que pude recabar por medio de las herramientas de encuesta e interacción de mis redes sociales entre 2020 y 2021. Más de 1.400 personas de toda Latinoamérica participaron en estas encuestas y estos fueron los resultados que más llamaron mi atención:

- El **26%** de los participantes opina que todo hombre y toda mujer debe casarse, porque este es el diseño de Dios para la humanidad.

- El **79%** de los encuestados piensa que la soltería no es algo malo, **contra un 21%** que piensa que sí.

- El **60%** de los participantes piensa que en su iglesia local no se enseña una visión bíblica del matrimonio y de la soltería.

- Un **76.7%** de los encuestados afirma desesperarse o sentirse mal al menos la mitad del tiempo debido a su soltería.

- El **69%** de las personas no siente libertad ni confianza para hablar de lo que le inquieta como soltero con su pastor u otros líderes cercanos.

- En cuanto a la pregunta de si quisieran pedirles a los líderes en sus iglesias que se capaciten en el tema del discipulado y la consejería a solteros, el **64%** respondió que siente vergüenza o que piensa que sus líderes se negarán a hacerlo.

- Un significativo **92%** opina que las enseñanzas y los procesos de discipulado podrían mejorar la forma en la que se enseña al soltero a vivir este estado.

- El **76%** de los participantes afirma que las prédicas que reciben en su iglesia local están mucho más orientadas a las personas casadas y las familias que a los solteros (incluyendo los ejemplos empleados y temáticas abordadas).

- La mitad de los encuestados manifestó que las enseñanzas y prédicas sobre la soltería los animan a estar felices en Cristo, mientras que el **50%** restante afirma que estas prédicas los impulsan a casarse pronto.

- Un **75%** de los encuestados percibe que en su congregación se valora el matrimonio significativamente más que otros estados.

Entre la información levantada hubo respuestas cualitativas que también me parece importante compartir. Las inquietudes manifestadas por los solteros fueron muchas, pero podrían resumirse en las siguientes:

- Incomprensión sobre las luchas del soltero.

- Enfoque en solucionar la soltería con el matrimonio.

- Ausencia de espacios y conversaciones en las congregaciones para apoyar a los solteros a experimentar plenitud en esta etapa.

- Lo común que llega a ser que se tome la soltería como una broma y no como un tema serio.

Con respecto a por qué perciben que el matrimonio se valora por encima de otros estados civiles, un resumen de las razones dadas por los encuestados es:

- La mayoría de las actividades y recursos disponibles en la iglesia están destinados a matrimonios y padres.

- Pocos temas de enseñanza usan como referencia estados civiles como la soltería o la viudez.

- Hay una percepción generalizada de que las congregaciones confieren más privilegios a los casados (en oportunidades de servicio y en tomarlos seriamente).

- Falta de referencias de maestros y predicadores solteros.

Hay otro insumo de esta encuesta que quiero compartir contigo en las conclusiones al final de este capítulo, pero creo que estos números y opiniones nos pueden llevar a conclusiones útiles sobre las necesidades y los desafíos que tenemos como iglesia latinoamericana en el tema de la soltería. También confirman que hay un problema real que afecta a muchos de nuestros hermanos en la fe y, como consecuencia, nos impacta como iglesia.

Nuestros corazones están diseñados para adorar. Si no es Dios el centro de nuestra adoración, alrededor de quien todas las demás cosas ocupan su justo lugar en nuestra vida, ten por seguro que adoraremos a algo o a alguien en su lugar. Esto implica que es muy posible que nos convirtamos en adoradores de cosas buenas; podemos hacer de las bendiciones de Dios nuestro becerro de oro. Ocurre con cierta frecuencia que bendiciones como el matrimonio, la prosperidad financiera, los hijos o inclusive un ministerio se convierten en ese «algo más» que supuestamente puede darnos lo que necesitamos. Cuando el dinero, el éxito o incluso la familia se convierten en nuestra fuente de seguridad y en la evidencia de que Dios nos bendice, ciertamente hemos perdido de vista el centro del mensaje del evangelio.

Keller afirma que es imposible para un soltero cristiano vivir sus vidas de una buena manera sin tener una visión informada y balanceada del matrimonio. Si no se tiene esta visión, lo que pasará es que los solteros desearán demasiado el matrimonio o lo desearán muy poco, y cualquiera de estas visiones distorsionará cómo viven sus vidas.[1] ¿Recuerdas el pasaje del que hablamos en el capítulo 2, sobre 1 Corintios 7, cuando Pablo nos exhorta a vivir la vida sin estar aferrados a nada de este mundo? Esto incluye también un llamado a no vivir aferrándonos a las cosas buenas, sino solo a Aquel que las da.

Considero que es sumamente importante hacer una revisión exhaustiva de lo que creemos, decimos y enseñamos en comunidad sobre cómo vivir la soltería siendo cristianos. Lanzar versículos «automáticos» cuando una persona soltera pide un consejo sobre su situación específica no siempre será la mejor forma de animarla y apuntarle a Cristo. Aunque es muy cierto el consejo paulino, «... mejor es casarse que quemarse» (1 Cor. 7:9), no constituye todo lo que Dios tiene para decirle en Su Palabra a un soltero que experimenta soledad, tentación sexual o sentimientos de rechazo.

La enseñanza sobre el matrimonio y la soltería debe llevarnos primero a entender el conjunto del mensaje bíblico antes de usar la Biblia para justificar nuestros consejos, que bien pudiesen estar fundamentados más en una visión personal o cultural. Lo que quiero decir con esto es que, en muchas ocasiones, se usan versículos fuera de contexto para justificar ideas que no corresponden con la verdad bíblica, aunque pueden parecer justificables y de apariencia bíblica.

Por ejemplo, si yo deseara afirmar el evangelio de la prosperidad y convencerte de que la vida cristiana es una donde nacimos para ser felices y que

---

[1] Keller, Timothy y Kathy. *The meaning of marriage* (2011) pág.112. Traducción propia.

todo nos salga bien en la tierra, puedo enseñarte que, si lees y estudias tu Biblia diariamente, se te promete que «entonces harás prosperar tu camino y todo te saldrá bien» (Jos. 1:8, RVR1960). Si bien aquí tenemos una hermosa promesa de prosperidad que es consecuencia de conocer las Escrituras y vivir una vida de rectitud para el Señor, no podemos esperar una vida sin problemas ni dificultades. Estaríamos ignorando otros cientos de versículos en la Biblia que nos hablan de las dificultades necesarias, del sufrimiento santificador y del propósito y bendición que traen los problemas. Creo firmemente que esto es algo que, lamentablemente, se ha hecho de forma abundante con el tema de la soltería y el concepto del matrimonio.

Usando un ejemplo más cercano a este tema, solemos escuchar con frecuencia que se usan versículos como, «no es bueno que el hombre esté solo» (Gén. 2:18, RVR1960) para justificar la enseñanza que afirma que la soltería es una maldición o, al menos, un problema. Enseñamos una y otra vez la belleza de pasajes como las enseñanzas de Pablo en Efesios, en donde se describe el propósito y el llamado dentro del matrimonio (Ef. 5:20, ss), pero pasamos por alto las enseñanzas de Pablo a los corintios sobre el regalo de la soltería (1 Cor. 7). Cuando construimos una supuesta verdad teológica a partir de un solo versículo, corremos el grave riesgo de perdernos del entendimiento de la verdad real revelada a lo largo de todas las escrituras. Quiero que esta reflexión sea un recordatorio para ti de la importancia de estudiar la Biblia como un todo que gira, no en torno a nosotros, sino a la persona y a la obra redentora y suficiente de Jesús.

Cómo Jesús lo cambia todo

La iglesia no debe perder de vista que Jesús, en Su venida, Su vida y Su enseñanza, nos reveló dónde debía estar nuestro enfoque. ¡Dios no hace acepción de personas! No nos clasifica entre casados y solteros para bendecirnos más o menos.

Jesús contestaba las preguntas con respecto al matrimonio enseñando lo que agradaba al Padre. Por ejemplo, cómo no debe romperse el pacto matrimonial o cómo el matrimonio debe ser solo entre hombre y mujer (Mat. 19:4-6). Igualmente, dejó claro que el matrimonio no era un llamado general para todos los creyentes (Mat. 19:10-12) y que, en la resurrección, casarse no sería ni una realidad ni un tema por el que tendremos que preocuparnos (Mat. 22:30). Por otra parte, en la Biblia no encontraremos afirmaciones de Jesús ni de ningún otro escritor del resto del Nuevo Testamento en las que se nos haya dicho que el matrimonio es un requisito *sine qua non* para una vida plena en Él ni para cumplir Sus propósitos. Podría decir que Jesús, quien vino a modelarnos una humanidad perfecta, ¡estuvo soltero toda Su vida en la tierra!

Es posible que alguien me diga después de escuchar lo que acabo de escribir, «Clara, pero...Jesús es Dios. Obviamente Él no sentía la necesidad de casarse». Lo cierto es que no sabemos cómo se sintió Jesús a nivel personal con respecto a este tema, pero sí sabemos que aquí en la tierra fue 100% hombre y 100% Dios, y que no tenemos un Sumo Sacerdote que no pueda compadecerse de nuestras flaquezas, sino Uno que **ha sido tentado en todo como nosotros**, pero sin pecado», (Heb. 4:15, énfasis propio). También es alentador ver vidas célibes como las del Apóstol Pablo y leer sobre cómo nos animan a no encontrar nuestro gozo en las circunstancias, incluido nuestro estado civil, sino en la esperanza que nos ha sido dada en Cristo.

De hecho, la relevancia más grande que tiene el matrimonio bajo una perspectiva eterna se encuentra en cómo modela el símbolo de una unión mucho más sublime y verdaderamente eterna como la de Cristo con Su iglesia desde el punto de vista terrenal. Por eso el matrimonio debe ser valorado, en la medida en que es un medio para darle gloria a Dios, vivir como Él quiere y ser una especie de «sombra» de una unión mucho más perfecta y eterna.

El apóstol Pablo les dijo a sus discípulos de Éfeso que el matrimonio realmente no se trata de sexo, estabilidad social o realización personal (Ef. 5). Es un símbolo y un preámbulo al futuro Reino de Dios. Pero esta visión elevada del matrimonio lo que realmente nos dice es que el matrimonio está en penúltimo lugar, no un objetivo final, porque nos apunta al verdadero matrimonio de nuestras almas y a la verdadera familia para la que nuestros corazones fueron hechos. El matrimonio no puede proveer expiación de nuestro pecado, ni darnos algo más de lo que Jesús ya nos dio a todos los que, por gracia, hemos creído en Él.

«El matrimonio no puede proveer expiación de nuestro pecado, ni darnos algo más de lo que Jesús ya nos dio a todos los que, por gracia, hemos creído en Él».

También vemos esta verdad recalcada en el llamado que hace Pablo en 1 Corintios a que «los que tienen mujer sean como si no la tuvieran» (1 Cor. 7:29), además de la viabilidad de tener una vida célibe como Cristo y como él mismo. Seguramente estas enseñanzas radicales hicieron surgir preguntas como: ¿a qué debía aspirar un hombre y una mujer? ¿Qué pasaría con nuestro legado y herencia si no tenemos hijos?, ¿Quién cuidaría de las viudas? Entre muchas otras. Pero el evangelio de Jesús ofrece respuestas eternas y no terrenales a todas estas preguntas. En *El significado del matrimonio* (que menciono de nuevo y es una lectura que recomiendo a todos los solteros y casados), Keller lo explica así:

> «El Evangelio de Cristo y la esperanza que nos da de un Reino futuro dejaron de idolatrar al matrimonio. No había un acto más radical que llevar una vida que no produjera herederos. Los cristianos que permanecían solteros, en medio de una cultura que buscaba significado y seguridad en tener herederos, sostenían una posición radical de que el futuro no estaba garantizado por una familia, sino por Dios. **Los cristianos solteros llevaban el testimonio de que era Dios su esperanza**».[1]

¡Yo no alcanzo a imaginarme la valentía requerida para vivir un nuevo estilo de vida como este! Imagino lo difícil que puede haber sido para los cristianos del primer siglo que permanecían solteros afirmar que el matrimonio y la familia terrenal no eran lo más importante a los ojos de la eternidad. ¡Es que todavía

---

[1] Keller, Timothy y Kathy. *The meaning of marriage* (2011) págs.108-109. Traducción propia.

hoy escuchamos con frecuencia que no hay nada más importante que la familia! No se trata, por supuesto, de quitarle mérito al valor evidente del matrimonio y la familia, sino de que podamos ponerlos en el lugar correcto, como símbolos de un pacto mejor y perfecto, el que Jesús hace con Su familia eterna, la iglesia.

Hay una cita en el libro *A community of character* [Una comunidad de carácter] del teólogo y eticista estadounidense Stanley Hauerwas, que señala que esta esperanza de un mejor pacto no solo hace la soltería algo bueno, sino que también implica que es bueno casarse y tener hijos, sin tener miedo de traerlos a un mundo oscuro:

> «Porque los cristianos no ponen su esperanza en sus hijos, sino que esos hijos son una señal de su esperanza... de que Dios no ha abandonado este mundo... La soltería es un símbolo de la confianza de la Iglesia en el poder de Dios para cambiar vidas para su crecimiento, y el matrimonio y la procreación son símbolos de la esperanza de la Iglesia para el mundo».[1]

Conclusión: ¿qué podemos hacer como iglesia para alejarnos de la idolatría al matrimonio?

Si como iglesia perseveramos en hacer de la idea del matrimonio nuestro «becerro de oro» poniéndolo en un pequeño altar, afirmando que la unión conyugal nos puede dar algo que solo Dios provee, estamos corriendo un peligro que es evitable. Atribuirle al matrimonio algún tipo de carácter redentor o santificador *per se*, deja a muchos cristianos pensando que necesitan algo más para alcanzar una vida que realmente valga la pena. Esto comunica, indirectamente, que además de Cristo necesitamos tener o hacer algo más, que el propósito de la vida cristiana no puede ser vivido completamente sin «alcanzar» este estado civil.

Esto tiene como consecuencia que los solteros cuyas vidas no encajan en este único formato de estar casados después de cierta edad, lidian con frustración y hasta desesperación, que son totalmente innecesarias para alguien que todo lo tiene en Cristo, incluyendo una comunidad a la que pertenecer. Recordemos

---

[1] Hauerwas, Stanley. *A Community of Character* (1991) pág. 174. Traducción propia.

que cuando los solteros están en una iglesia que plantea que el matrimonio es lo más importante o la mayor bendición de Dios, inmediatamente se preguntan: «¿Qué es lo que me falta? ¿por qué Dios no me ha bendecido con Su mayor bendición?», cuando en realidad, sabemos que no es así.

En mi experiencia, a pesar de que crecí en una iglesia con un liderazgo amoroso y piadoso, viví por años este conflicto dentro de mí. Si la familia era lo más importante, ¿por qué Dios me seguía negando ese regalo? Sé que haber contado con espacios de discipulado y comunidad para solteros me hubiese ayudado a no cometer errores que resultaron de la idolatría aprendida al matrimonio, de los que por supuesto me arrepiento mucho. Por eso tengo la convicción de que estamos a tiempo de rectificar lo que creemos y enseñamos sobre la soltería y el matrimonio, para así ayudar a muchos de nuestros hermanos y hermanas a vivir solterías plenas y, por supuesto, matrimonios centrados verdaderamente en Cristo.

Como iglesia latinoamericana tenemos un reto para el que necesitamos pedir ayuda constante al Espíritu Santo: no hacer ídolos de cosas que tomen el lugar de Dios, en especial aquellas cosas que son buenas, como la familia, el matrimonio o el ministerio mismo. Por supuesto que la familia es un regalo y un diseño de Dios, pero nunca puede tomar el lugar de Jesús como mayor bendición y meta última de nuestras vidas. Oro para que nos convirtamos en una iglesia global que sepa conservar esta prioridad, porque así podremos no solo servir mejor a sus solteros y casados, sino que estaremos fortalecidos en la esperanza inamovible de Cristo, aunque vengan tormentas que sacudan todas esas bendiciones terrenales.

Algunas ideas prácticas

¿Cómo podemos «fundir» ese becerro de oro del matrimonio y abandonar la idolatría en nuestra iglesia? Aparte de acercarnos a la verdad bíblica sobre el tema, aquí te comparto algunas ideas aportadas por solteros de toda Latinoamérica y otras sugerencias que consideré útiles.

En la encuesta en redes sociales, al preguntar *¿qué le pedirías, como soltero, a tu iglesia y a tus líderes?*, los participantes indicaron que quisieran:

- Enseñanzas enfocadas en Cristo y su plenitud, independientes del estado civil.

- Formación de ministerios de consejería y rendición de cuentas para solteros.

- Normalización y apreciación del regalo de la soltería sin tratar de solucionarlo con el matrimonio.

- Integración deliberada de los solteros a las actividades de la comunidad cristiana, sin separarlos de los matrimonios y familias.

¡Espero que estos valiosos aportes puedan darnos muchas ideas del trabajo que hay por hacer! Ello requiere de todos; tanto del involucramiento de los solteros, como de casados, viudos, jóvenes, mayores, líderes y pastores.

- Un punto en el que quiero hacer hincapié es que, en muchas iglesias suele ser fácil y común encontrar ministerios y espacios para matrimonios y padres que tienen como propósito ayudarlos a equiparse en sus respectivas etapas. ¡Gracias a Dios por eso! Sin embargo, también debemos hacer de la iglesia un lugar que ofrezca espacios para todos, no solo para las familias o los matrimonios, sino para los solteros, con espacios, recursos y herramientas para quienes viven la soltería de manera temporal o permanente y no solo pensándolos como actividades para juntar posibles parejas.

- No queremos que las personas solteras resuelvan sus dudas y drenen sus frustraciones con lo que ofrece el mundo, ¿cierto? Si la Iglesia de Cristo no es instrumental en aportar dirección y respuestas bíblicas a estas distorsiones que el mundo les vende, muchos solteros pueden quedar atrapados en ellas.

- Necesitamos animar a solteros piadosos para que sean referencia para otros solteros de que sí se puede vivir una soltería plena en Jesús. Que más solteros de buen testimonio puedan enseñar, dirigir y discipular a otros es una ventaja enorme para cubrir las necesidades de muchos solteros.

- Como líderes y pastores, debemos comprender que las luchas de los solteros no son inferiores ni menos importantes a las de un matrimonio.

Es tan importante desarrollar empatía con otros en este sentido y no minimizar sus luchas, aunque estas puedan verse diferente a las nuestras.

Todas las cosas de esta tierra van a pasar, entre ellas nuestro estado civil. Asegurémonos de convertirnos en una iglesia que recuerde constantemente que el tesoro único y supremo es Cristo, dado a nosotros por pura gracia y sin que hubiésemos podido ganarlo. En consecuencia, podremos poner nuestra vista e invertir el tiempo en lo absolutamente eterno y así cumplir con el llamado de hacer discípulos, enseñándoles a obedecer todo lo que Jesús nos mandó (Mat. 18:20). No necesitamos nada además de Cristo para esto.

CAPÍTULO VI

PRESIÓN SOCIAL EN LA SOLTERÍA Y CÓMO RESPONDER CON SABIDURÍA

DETESTAR LA PRÓXIMA REUNIÓN FAMILIAR

Mi amiga Andrea pertenece a una familia grande y unida, de esas donde tienes un montón de tíos, primos y abuelos por parte de ambos padres. Además, ella tenía dos hermanas mayores y un hermano menor. Cada vez que había reuniones familiares por Navidad, Año Nuevo o algún aniversario importante, había tanta gente que parecían más un concierto que una reunión privada. Sin embargo, no todo era algarabía y disfrute mutuo. Andrea comenzó a sentir algo de presión por parte de varios miembros de su familia cuando llegó a sus veintitantos, porque cada vez que la veían le preguntaban, «¿Y para cuándo el novio?».

Ella no lo tomó con mucha seriedad al principio. Sin embargo, la situación comenzó a volverse algo más seria y de más peso en el corazón de mi amiga cuando se casó su hermana del medio. La hermana mayor ya tenía dos años de casada para ese momento. En teoría y según su familia, a sus 29 años «ya le tocaba a ella». Se sumaba a todo esto que Andrea era la única cristiana dentro de una familia latinoamericana muy tradicionalista que no entendía demasiado de ese «lugar extraño» donde se congregaba todos los sábados y otros días de la semana.

Con el tiempo, en cada reunión familiar no solo alguna tía la abordaba con la pregunta de dónde estaba el novio, sino que —a veces en tono de broma— varios familiares le pedían explicaciones de por qué no estaba en una relación:

«¿No será que eres muy exigente?»
«Mira, ya tienes que tomártelo en serio porque el tiempo no pasa en vano y con más de 30 se pone más difícil»

«Bueno, cuando menos lo esperes seguro te llega... aunque ponte las pilas porque si no lo buscas con intención, no va a pasar».

Andrea me contó que, durante la celebración por el aniversario de casados de sus abuelos, una de sus tías (que es médica) la animó a que congelara sus óvulos lo antes posible: *«Tu hermano no tiene ese problema; los hombres pueden tener hijos siempre. Tú tienes una fecha de expiración».* No tenía la certeza plena de por qué, pero a sus 31 años ese comentario la incomodó mucho.

Todo esto hacía que ella se sintiera frustrada, incomprendida y hasta irrespetada. Al mismo tiempo, todas estas interacciones la llevaban a cuestionarse a sí misma y también los planes de Dios para su vida ¡Claro que ella anhelaba conocer a un hombre cristiano para formar una familia algún día! ¿Por qué no pasaba? Ella no tenía la respuesta. Este era un anhelo que algunas veces le causaba tristeza. Las interpelaciones de su familia no ayudaban en nada y solo la dejaban más confundida.

Pronto Andrea comenzó a detestar las reuniones en casa de sus abuelos y tíos, pese a que amaba mucho a su familia. Asociaba la idea de verlos con un cuestionamiento público sobre su vida y sus decisiones en el que ella siempre salía perdiendo. Sabía que su familia solo quería lo mejor para ella, pero se debatía entre querer sentirse bien tal como estaba y la duda de si ella realmente estaba haciendo algo mal. En nuestras conversaciones como amigas solteras que luchábamos con ese tema, me confesó que un par de veces pensó en inventarse un novio para que la dejaran tranquila un tiempo, pero nunca se atrevió a llevar a cabo este plan.

¿Cuántos de nosotros nos hemos sentido como Andrea? ¿Cuántos de nosotros nos identificamos, de una forma u otra, con su historia? Recuerdo que, aunque mi vida familiar era distinta a la de ella, podía entender su frustración y confusión, porque llegaba a sentir la misma presión por parte de mi entorno social, mi iglesia y mi trabajo. Puede llegar a ser muy difícil lidiar con los cuestionamientos de otros sobre el estado de nuestra vida, mientras que al mismo tiempo luchamos con dudas sobre nosotros mismos, nuestro valor y lo que Dios tiene planeado para nuestras vidas. La presión social a la que muchos solteros se ven enfrentados, en especial después de los 30, no contribuye en nada a vivir una soltería plena y tranquila. A veces se convierte, incluso, en un factor que nos impulsa a tomar decisiones equivocadas, producto de la presión ejercida sobre nosotros.

Expectativas latinas

Si bien la presión familiar y de nuestro entorno por conseguir pareja es algo universal (cualquier soltero del mundo puede llegar a sentirla) también es cierto que nuestra cultura latinoamericana es una en la que los valores con respecto a la familia, el matrimonio y los hijos son un poco más elevados que, por ejemplo, en la europea o la norteamericana. No se trata de que estas culturas no valoren la familia, sino que los latinos tenemos un concepto más colectivo y, me atrevo a decir que dependiente, del funcionamiento familiar. Independientemente de si valoramos esto como algo bueno o malo de nuestra cultura, es algo que impacta directamente en el nivel de involucramiento y presión de algunos miembros de nuestra familia y de nuestro entorno social en las decisiones sobre nuestra vida amorosa.

La vida en pareja es una expectativa obvia para los jóvenes y adultos latino-americanos. Después de cierta edad, normalmente se espera que «sientes cabeza» si eres hombre y «te realices» si eres mujer, casándote. Para algunas personas, la mujer o el hombre que se casan están haciendo algo bien, es decir, lo que corresponde; mientras que, los que no lo han hecho o están muy «retrasados» deben tener algún problema.

A nuestros propios anhelos y frustraciones (porque no siempre es fácil estar soltero) se le suma entonces una presión tremenda de encajar y de satisfacer. He hablado con solteros de distintos países de Latinoamérica y, en el tema de la presión social, la mayoría coincide en que se sentirían más aceptados y apreciados por su entorno si lograran cumplir con esa expectativa, sea que ellos deseen o no el matrimonio como un plan inmediato en sus vidas.

Esto se ve igualmente en la iglesia. Aunque ya hablamos de la visión distorsio-nada que tienen algunas congregaciones sobre el matrimonio y de la tendencia a idolatrarlo, es importante visibilizar que, a veces, la iglesia local juega un rol en esta presión social. Desde las oraciones para que los solteros encuentren pareja hasta el *matchmaking* forzado por el que algunos deben pasar, algunas congregaciones ejercen una presión que hiere al soltero, en vez de apoyarlo y nutrirlo. Otra amiga me confesó alguna vez que sentía como si para su iglesia no fuese admisible que ella, de 32 años, estuviese soltera. Todos, incluyendo su liderazgo, la invitaban a hacer oraciones y ayunos para que se casara, y cuestionaban su soltería repetidamente. Ella me dijo, «*Es como si estar soltera fuese una carga para la iglesia y solo al casarte los liberas de ella, estás completa para servir y tener un lugar en la congregación*».

Esa es la presión que muchos solteros experimentan y por eso llegan a sentir que la forma de ser aceptados y suficientes ante sus familias, sus amigos o su iglesia es salir a como dé lugar de la soltería. Si tener pareja y casarse es un valor tan alto para nuestra sociedad latinoamericana, es lógico que quienes no lo tengan, al menos no a la edad esperada, se frustren y se cuestionen a sí mismos y hasta a Dios.

Para el que busca aconsejar: Presión que genera confusión

Uno de los efectos de la presión social en los solteros es la confusión que les genera. Como mencioné antes, es común que un soltero que es presionado por serlo ya esté lidiando con muchas dudas en su interior, sobre cómo se verá la vida que Dios tiene para él, su valor personal y su confianza en Dios. La presión adicional que venga de sus amigos, familia o iglesia solo aumentará la duda en su diálogo interno. Quisiera dejar esto muy claro: la presión rara vez ayuda en algo y no hará que, mágicamente, el soltero consiga a su ayuda idónea. Solo contribuye a la confusión personal y la carga emocional en la soltería.

Para dar un ejemplo concreto, una persona soltera puede preguntarse por qué tiene cierta edad y no ha conocido a nadie con quien formar una familia. En ese orden de ideas, puede cuestionarse si acaso hay algo mal con él o ella, si hay algo que debió haber hecho o debería estar haciendo, incluso si Dios realmente la ama. Imagínate que, en medio de esas luchas, alguien con buenas intenciones le recuerde que el tren se le va a pasar, que está retrasado para casarse o que le pregunte si acaso no se ha dado cuenta de que la fertilidad decae estrepitosamente después de los 30. Estos «consejos» y preguntas no hacen sino sumar a la confusión que es común entre muchos solteros sobre Dios, sobre sí mismos y su futuro. Puedo decirte con absoluta confianza que lo más probable es que lo que le vayas a decir al soltero ya lo haya pensado... mil veces.

De hecho, recuerdo que en mi soltería recibía continuamente mensajes contradictorios ¡a veces de la misma persona! Por ejemplo, me decían algo así:

«*Quizás estás siendo demasiado exigente y tienes que ser más abierta, pero de ninguna forma puedes bajar tus estándares porque eres una hija de Dios*».
«*Es posible que tu formación profesional y tu personalidad intimide a los hombres, pero si quieres un esposo ejemplar, debes ser una mujer virtuosa que esté a la altura de un hijo de Dios*».

Comentarios como esos, sumados a mis propias dudas, me dejaban siempre en un limbo:

¿Estoy haciendo mucho o más bien muy poco?
¿Valgo muy poco o valgo demasiado?
¿Qué es lo que no estoy viendo que los demás sí observan?

Ahora que pienso en estos recuerdos, lo más interesante que concluyo es que ni mi propia búsqueda ni los consejos de otros en cuanto a mi soltería se enfocaban en Cristo, Su bondad y Su poder en mi vida. Se trataba de mí y de lo que podía estar haciendo bien o mal. Es esto justamente lo que lleva a muchos solteros a desviarse hacia una filosofía de *tener/hacer para merecer*, de cambiar sus conductas para poder recibir lo anhelado o de simplemente, procurarse a sí mismos aquello que Dios no ha provisto «a tiempo».

Si tienes solteros a tu alrededor, antes de pronunciar cualquier consejo es útil preguntarte:

¿En qué puede ayudarlo este consejo?
¿Es lo que estoy diciéndole algo realmente bíblico?
¿Será que mis comentarios lo ayudan a llevar la carga o la lucha por la que pasa?

A veces pienso que las personas casadas nos sentimos responsables de abrir los ojos de los solteros que se «achantaron» o de ser el recordatorio de que hay un reloj biológico para las solteras. Aunque muchos consejos brindados pueden ser útiles, en especial si son requeridos por ellos, ten por seguro que la mayoría de las personas solteras está muy consciente de los retos que tienen en la etapa que viven y no nos necesitan como recordatorios andantes del *tic-tac* del reloj biológico o de ese tren que supuestamente ya está dejando la estación sin ellos. Este tipo de comentarios solo añaden presión y frustración a los retos que enfrentan. Mejor dirijamos su mirada a Cristo, a la evidencia del trabajo que Dios ya está haciendo en sus vidas y seamos hermanos que los animen por medio de la esperanza común que tenemos en el Señor.

Para el soltero: Algunas ideas prácticas para responder a comentarios incómodos

Sin importar cuán desafortunado e hiriente pueda ser el comentario o pregunta que te hace esa amiga o ese miembro de tu familia, como cristiano estás llamado a responder de una forma respetuosa, con gracia y con verdad. Sé muy bien que no es algo tan fácil de hacer cuando estos cuestionamientos suelen tocar las fibras muy sensibles de nuestras luchas.

No obstante, quisiera recordarte que los seguidores de Jesús tenemos un llamado a estar siempre preparados para presentar defensa ante todo el que nos demande razón de la esperanza que hay en nosotros, y que esto debemos hacerlo con mansedumbre y reverencia (1 Ped. 3:15). Pero ya puedo escuchar a alguno de ustedes decirme, «*Pero, Clara, ¡este versículo habla de transmitir y defender la verdad de Cristo! No tiene nada que ver con responderle a la imprudente de mi tía Domitila cuando dice que me quedé para vestir santos*». Lo cierto es que la exhortación de Pedro debemos tenerla presente en todas las interacciones de nuestra vida. Responder a una persona que cuestiona nuestra vida amorosa o cualquier otro aspecto, puede ser una excelente oportunidad para mostrarle amor, compasión y para dar testimonio de la esperanza por la cual vivimos. Por supuesto, necesitamos al Espíritu Santo para ser guiados con palabras de sabiduría, ejercer dominio propio y hablar en amor. Por supuesto, también podría ser una oportunidad excelente para establecer límites sanos con las personas que amamos.

Por eso quiero compartir contigo algunas ideas usando un formato de caso hipotético sobre cómo pudieras responder mejor ante las interpelaciones de otros sobre tu vida amorosa:

La tía que te manda a correr

Tu tía Domitila: *Sobrina, y tú ¿nada de novio todavía? Ponte las pilas que te vas a quedar sola si sigues así.*

Tu respuesta: *Gracias tía, realmente aprecio tu interés por mi vida. Pero como hija de Dios, creo firmemente que nunca estaré sola. La soledad es algo que no se resuelve con tener pareja, sino en el corazón, y Cristo vive en el mío.*

El «deber» de dar nietos

Tu papá o tu mamá: *Hijo, ¿es que tú piensas dejarme sin nietos?*

Tu respuesta: *Mamá/Papá, entiendo que deseas nietos, pero ¿no será más importante que lleguen según el tiempo y la voluntad de Dios, junto a la persona apropiada? Si la voluntad de Dios hasta ahora ha sido la soltería y que no tenga hijos, podemos estar contentos. Sus planes son siempre los mejores.*

Buscar la culpa de la soltería

El primo Pepe: *Prima, otro año y tú soltera todavía. Qué cosa tan mala tendrás que nadie te aguanta (insertar risa bromista).*

Tu respuesta: *Lo cierto es que casarse no es ni un logro ni una carrera de velocidad. Tampoco es un certificado del valor de una persona. Con mis virtudes y defectos tengo mucho que aportar, no solo a un esposo si llego a casarme, sino a todos los que me rodean, ¡incluyéndote! :).*

Baja los estándares

Lalita: *Amiga, te digo esto porque te quiero y me preocupas; ¿no será que eres demasiado exigente? Si bajas tus estándares quizás consigas novio rápido.*

No hay hombres perfectos; hay algunos que no son cristianos, pero igual son buenos.

Tu respuesta: *Amiga, claro que entiendo tu punto, pero he revisado cuáles son mis estándares y lo que me gustaría encontrar en una pareja es a alguien que ame a Jesús y actúe en coherencia con ello. El matrimonio es una decisión tan importante que todos deberíamos tener esto como un principio innegociable. Casarse con la persona correcta es más importante que casarse rápido.*

El pastor intercesor

El pastor Juan: *Sierva, venga para que oremos por usted, reprendiendo toda cadena a la soledad y todo espíritu de soltería; esto tiene que ser una atadura espiritual.*

Tu respuesta: *Querido pastor, le agradezco mucho su tiempo y cariño al querer orar por mí, pero ¿puedo pedirle que mejor ore para que yo pueda seguir experimentando la plenitud que todos tenemos en Cristo, independientemente de nuestro estado civil?*

Estos son solo marcos de referencia puestos a modo de ejemplo que sirvan para ilustrar cómo se podría responder a este tipo de afirmaciones y cuestionamientos comunes. No es imposible poner límites y al mismo tiempo responder con gracia. También creo que muchos de estos comentarios fuera de lugar son una oportunidad de oro para compartir más verdad bíblica a nuestro entorno. Eso sí, para esto será necesario que renuncies al «derecho» de ofenderte ante estos comentarios (¡sé que esto no es fácil!), porque eso es lo que te permitirá ver más allá de las fibras sensibles y así aprovechar la conversación para declararle al otro la verdad bíblica según la cual vives.

Es utópico afirmar que la presión social se va a esfumar del todo, aunque haya personas a tu alrededor que puedan entender y cambiar de perspectiva. La mejor arma para lidiar con la presión del entorno es gozarte en la verdad, apropiándote de la verdad de que en Cristo nada te falta. Gozarte en la seguridad de que Dios camina contigo y te guía en cada área de tu vida. Bajo esas certezas espirituales, las voces cuestionadoras no sembrarán dudas en ti, sino que serán oportunidades para apuntar a otros a esa verdad que te sostiene.

> «La mejor arma para lidiar con la presión del entorno es gozarte en la verdad, apropiándote de la verdad de que en Cristo nada te falta».

Capítulo VII
REBELDÍA Y YUGO DESIGUAL

«Señor, si no me lo das Tú, yo misma lo buscaré»

YO MISMA LO BUSCARÉ

Recuerdo esa época de mi vida con mucha claridad; fue entre mis 29 y 30 años. Habían pasado al menos cinco años desde mi última relación amorosa y durante ese tiempo no había surgido la más mínima posibilidad romántica con algún hombre cristiano. En el círculo de creyentes donde podría haber conocido algún posible candidato, parecía que hubiese ocurrido un arrebatamiento anticipado, aunque solo de hombres solteros. En contraste con esta ausencia, seguían creciendo la presión social y también mi propia urgencia de ser amada y encontrar a una persona con quien formar una familia.

Como tristemente les ocurre a muchos cristianos en situaciones similares, comencé poco a poco a desesperarme. Sentía de una manera muy real que el famoso tren me «estaba dejando» y si no corría como fuera tras él, se concretaría mi mayor miedo: nunca casarme y quedarme «sola» para siempre. También tenía la sensación de que mis oraciones rebotaban en el techo y, aún peor, llegué a pensar que Dios estaba intencionalmente ignorando mi petición de encontrar pareja. Para mí era inconcebible que después de tantos años orando, los muchos momentos de entrega de ese anhelo, mi servicio al Señor y el conocimiento que Él tiene de mi vida, Dios siguiera negándose a responder algo que tan fácilmente podía darme y que había regalado a tantas otras personas. Si Él sabía cuánto anhelaba un esposo y cuánto sufría por no tenerlo, ¿por qué no me lo daba?

Esta mezcla de pensamientos, emociones, convicciones distorsionadas y circunstancias complicadas me fue llevando a tomar malas decisiones. Esta inclinación equivocada estaba alimentada por mi rebeldía, mi resentimiento contra Dios por no contestarme como deseaba y mi creencia de que necesitaba el matrimonio por encima de cualquier cosa. Pronto mi corazón empezó a hacer lo que sabe hacer mejor: tratar de alcanzar lo que siente que necesita.

Empecé a descargar aplicaciones de citas (aunque terminaba borrándolas rápidamente) y a disponerme mentalmente para estar abierta a cualquier posibilidad que surgiera con alguna persona del sexo opuesto. Me decía a mí misma como buscando convencerme, «solo estoy considerando todas mis opciones ya que Dios ha decidido dejarme sin ninguna» (¡lee lo anterior con tono de resentimiento!). Recuerdo los muchos momentos de frustración que pasé en esa época; sentía un conflicto enorme dentro de mí. Aunque todavía no estaba en una relación de yugo desigual *de facto*, mi corazón ya se había dispuesto a aceptarlo. Si se presentaba la oportunidad, yo la iba a tomar.

Nunca olvidaré una noche de oración en la que le dije a Dios: *Yo quiero casarme. Mi destino no será quedarme sola. Así que, si Tú no me das un esposo, yo misma lo buscaré.* ¡Hablemos de mi idolatría! Prefería manipular a Dios y desobedecerlo para satisfacer mi anhelo, que quedarme sin lo que quería. Lo que pasó el año siguiente fue la crónica de una muerte anunciada: comencé a entablar amistades y aceptar coqueteos de algunos hombres sin considerar mucho más que la atención que me estaban dando. Por un tiempo estuve hablando con un chico con quien bastó un par de conversaciones para hacerse evidente que nuestra visión de la fe era radicalmente distinta. Pero eso no fue lo que me hizo cortar la comunicación, sino que seguí disfrutando de la atención hasta que, simplemente, la relación no fluyó más.

Después conocí a otra persona que me prestó mucha atención y comenzó a procurar una relación conmigo, pero en sus términos, con poco compromiso y escasas garantías. Esta persona era completamente atea. Sin embargo, yo seguía de algún modo respondiendo a sus atenciones y terminamos teniendo una relación romántica por un tiempo. Siendo muy sincera, en todo este tiempo yo podía sentir una incomodidad constante, la certeza de que esa relación no era para mí, no era lo que yo soñaba para mí misma y sabía que no era lo que Dios quería. A pesar de esto, mi desesperación, mi resentimiento y mi rebeldía me mantuvieron persistiendo en la desobediencia. Pensaba: *esto no es ideal, pero tampoco es que tengo otras opciones. Oré por ellas y las busqué por mucho tiempo. Es mejor tener a alguien, aunque no sea perfecto.*

Pero resulta que las relaciones entre un cristiano y una persona que no lo es, no solo tienen que ver con aceptar que el no creyente es imperfecto (que su «pequeño defecto» es solo no seguir a Jesús). Si ese fuera el caso, nosotros también tendríamos que justificar toda nuestra propia imperfección. El «yugo» busca simbolizar nuestra pertenencia, identidad redimida y destino eterno. Representa hacia dónde vamos y de quién es nuestro norte y esperanza. No es algo que nosotros nos hayamos ganado por nuestra perfección o nuestra bondad, ni algo por lo cual el no creyente pueda trabajar, ganar o mejorar. El apóstol Pablo es sumamente claro con respecto al fundamento de nuestra salvación: «Porque por gracia ustedes han sido salvados por medio de la fe, y esto no procede de ustedes, sino que es don de Dios; no por obras, para que nadie se gloríe» (Ef. 2:8-9). Solo un encuentro radical con Jesús puede cambiar esta realidad para quienes no han creído.

El peso de la desobediencia y lo evidente que era para mí reconocer que estaba en una relación que atentaba contra todo lo que Dios me había dado se fue acrecentando con el paso de los meses. Todos esos sentimientos y esas convicciones me llevaron a salir de ese ciclo y terminarlo. Honestamente, yo sé que fue la increíble misericordia de Dios sacándome del hoyo donde yo misma había decidido meterme. Nunca podré explicarlo, pero mi salida no fue producto de mis decisiones o mi fortaleza de carácter.

Yo estaba arrepentida, pero me sentía cansada y sin fuerzas. Sabía que había decepcionado profundamente a Dios. Tampoco quería volver a mi estado de «espera» y desesperación de antes. Sin embargo, el Señor intervino en ese momento de mi vida y me salvó de mi rebeldía. Esto marcó un antes y un después en mi camino con el Señor; ¡solo Él sabía de todo lo que me iba a perder si perseveraba en mi pecado! Lo que sucedió a continuación lo relataré en un próximo capítulo, pero en este momento quisiera que nos concentráramos en lo que la Biblia realmente dice sobre el yugo desigual y algunas consideraciones y advertencias que solemos relativizar ante la posibilidad de relaciones románticas con no creyentes.

¿Qué es *realmente* el yugo desigual?

Quise destacar la palabra *realmente* en este subtítulo porque hoy en día abundan enseñanzas sobre el yugo desigual que parecieran contener una versión adaptada a la opinión o la experiencia de quien la comparte. Es decir, leemos y escuchamos, por ejemplo, que existe yugo desigual entre cristianos que tienen intereses distintos, que no se trata de yugo desigual si el no creyente respeta la fe del creyente o que las diferencias de madurez emocional pueden ser yugo desigual, solo por mencionar algunos. Pero es sumamente importante prestar atención a lo que nos dice realmente la Biblia, porque si vamos a basar nuestras decisiones en sus instrucciones, entonces, ¡más nos vale entenderlas bien!

¿A qué se refiere el término *yugo*? ¿De dónde viene esta expresión en la Biblia?

Comencemos por lo básico. Según el Diccionario de la Real Academia Española, entre las diversas acepciones que tiene esta palabra, se encuentran:

1. Instrumento de madera al cual, formando yunta, se uncen por el cuello las mulas, o por la cabeza o el cuello, los bueyes, y en el que va sujeta la lanza o pértigo del carro, el timón del arado, etc.

2. Ley o dominio superior que sujeta y obliga a obedecer.

3. Carga pesada, prisión o atadura.

En la Biblia encontramos referencias al concepto de yugo a lo largo del Antiguo y Nuevo Testamentos. El Diccionario Bíblico Evangélico recoge algunas:

Yugo (heb. *môt[âh]*, *tsemed*, «yugo» «pareja»; gr. generalmente *zugós*). Era un aparato que aprisionaba el cuello de los cautivos y al que se ataban también las manos; asimismo, un trozo de madera convenientemente moldeado que se colocaba sobre el cuello de las bestias de carga para transportar objetos pesados. La clase de yugo que se usaba por lo general era un trozo derecho de madera con hendiduras en los extremos (Lev. 26:13; Ezeq. 34:27), por donde se pasaban cuerdas para asegurarlo al cuello del animal (Jer. 2:20). El yugo era un símbolo de esclavitud (Gén. 27:40; Lev. 26:13; Deut. 28:48; 1 Rey. 12:4). Estas palabras en hebreo son usadas figurativamente para referirse a atadura, aflicción o sujeción (ver Lev. 26:13, 1 Rey. 12:4, Isa. 47:6, Lam. 1:14, 3:27). En el Nuevo Testamento, la palabra yugo es usada para denotar servidumbre.[1]

Podemos entender que el yugo era un instrumento que indicaba no solo a quién se pertenecía, sino la dirección en la que se iba. En otros pasajes bíblicos encontramos esta misma palabra traducida del hebreo *Tsemed*, que significa un par, dos bueyes en yugo que aran la tierra en una dirección que define la extensión de la tierra (1 Sam. 11:7; 1 Rey. 19:21; Job 1:3).[2] También se instruyó a Jeremías para que usara un yugo con el fin de anunciar el inminente cautiverio de Judá (Jer. 27:1-7). Jesús invitó a sus seguidores a que aceptaran Su *yugo*, que es «fácil» (Mat. 11:29, 30). Pablo comparó el legalismo en el que estaban cayendo los gálatas con un «yugo de esclavitud» (Gál. 5:1) y amonestó a los cristianos para que no se unieran en «yugo desigual» con los incrédulos (2 Cor. 6:14).[3]

Todas estas imágenes referenciales bíblicas (trozo de madera que une, atadura, sujeción, dirección, dos bueyes, servidumbre, esclavitud) nos ayudan a entender el peso con el que Pablo usa este concepto para exhortarnos a unirnos en un yugo igual (y a no unirnos en uno desigual). Ese yugo «igual» habla necesariamente de dos creyentes que han aceptado el yugo de Jesús, el único que es fácil y al que voluntariamente queremos estar atados.

¿Es «no se unan en yugo desigual» la única advertencia que encontramos en la Biblia que se aplica a las relaciones?

Es vital que los cristianos fundamenten sus principios y decisiones en la verdad bíblica. Considero que el tema del yugo desigual es uno de los temas más

---

[1] Diccionario Bíblico Evangélico.
[2] Easton's Bible Dictionary.
[3] Ibid.

relativizados debido a que se basa mayormente en opiniones, perspectivas e incluso en enseñanzas fundamentadas en la experiencia y el parecer de otros, en lugar de entender qué es lo que Dios establece en Su Palabra. Solo cuando tengamos esa claridad, estaremos libres para tomar las decisiones que queramos, pero qué triste sería tomar decisiones pensando en que Dios dice algo que en realidad no está diciendo, ya sea agregando o restando información. Así que la forma en la que me gustaría que lo abordemos es respondiendo a la pregunta, ¿qué dice *toda* la Biblia sobre este tema? Las referencias que mencionaré no son exhaustivas (es decir, hay más en la Biblia), pero sí son suficientemente ilustrativas.

Comencemos por el pasaje que tú ya conoces y es el más citado:

> No estén unidos en yugo desigual con los incrédulos, pues ¿qué asociación tienen la justicia y la iniquidad? ¿O qué comunión la luz con las tinieblas? ¿O qué armonía tiene Cristo con Belial? ¿O qué tiene en común un creyente con un incrédulo? ¿O qué acuerdo tiene el templo de Dios con los ídolos? Porque nosotros somos el templo del Dios vivo, como Dios dijo:
>
> «Habitaré en ellos, y andaré entre ellos;
> Y seré su Dios, y ellos serán Mi pueblo.
> Por tanto, salgan de en medio de ellos y apártense», dice el Señor;
> «Y no toquen lo inmundo,
> Y Yo los recibiré.
> Yo seré un padre para ustedes,
> Y ustedes serán para Mí hijos e hijas»,
> Dice el Señor Todopoderoso (2 Cor. 6:14-18).

Lo primero que me queda claro después de leer todo este pasaje es que se trata de un mandato radical. No solo porque el tono es de un mandato y no una recomendación, sino por la explicación que sigue como justificación: No se unan en una atadura íntima (o en la misma dirección, sujeción, ¡en esclavitud!) con una persona que no ha creído en Cristo. La razón a modo de pregunta retórica es sumamente clara y puede tomar diversas variantes:

¿Cómo será posible conciliar tu pertenencia a la luz con quien pertenece a las tinieblas?

¿Cómo pueden estar unidos Dios y el enemigo?

¿Cómo ir en la misma dirección con alguien que vive en la oscuridad de la idolatría si soy alguien en quien habita el Espíritu Santo?

Ya en su primera carta a los corintios, cuando Pablo habla de la decisión de casarse o no casarse, prácticamente da por sentado que, ante una decisión afirmativa, la única condición es «solo que sea en el Señor» (1 Cor. 7:39). No olvidemos que las uniones matrimoniales son representadas en la Biblia como el acto de hacerse una sola carne. Justo por esto el argumento de Pablo es tan crudo y contrastante (Gén. 2:22-24; 1 Cor. 6:16).

Como si lo anterior no fuera suficiente, Pablo termina este pasaje citando pasajes de Levítico, Jeremías y Ezequiel, donde Dios declara la importancia de mantenernos apartados de todo lo que pueda contaminar nuestra devoción indivisible hacia Él. Es cierto que este mandato también puede aplicarse a otro tipo de relaciones, no solo las de pareja, porque, en general, se refiere a no tratar de conciliar dos cosas que son irreconciliables por sí solas. La exhortación general es a no tratar de entrar en una unión cercana que comprometa nuestros principios, un yugo que altere nuestro rumbo y lealtades. Sin embargo, en este capítulo vamos a concentrarnos solamente en la implicación de este mandato en las relaciones románticas y conyugales.

Este no es el único lugar en la Biblia donde la Palabra de Dios afirma enérgicamente que a Él le importa que sus hijos se unan con personas que lo amen y lo sigan de la misma forma y que no se trata de un tema para tomarse a la ligera.

En Números encontramos la historia de Balaam, quien pese a la insistencia de Balac, un rey enemigo que lo presionaba para que maldijera a Israel, se negó a pronunciar tal maldición. Por el contrario, terminaba bendiciéndolos una y otra vez. Lamentablemente, su historia no terminó de forma ejemplar (Núm. 23 y 24). Sin embargo, después de todo esto, vemos cómo una situación de yugo desigual es la que abre la puerta para desatar la ira de Dios:

«Mientras los israelitas acampaban en Sitín, **comenzaron a prostituirse con las mujeres moabitas, las cuales los invitaban a participar en los sacrificios a sus dioses.** Los israelitas **comían** delante de esos dioses y **se inclinaban a adorarlos. Esto los llevó a unirse al culto de Baal Peor.** Por tanto, la ira del Señor se encendió contra ellos. Entonces el Señor le dijo a Moisés: "Toma a todos los jefes del pueblo y ahórcalos en mi presencia a plena luz del día, para que el furor de mi ira se aparte de Israel". Moisés les ordenó a los jueces de Israel: "Maten a los hombres bajo su mando que se hayan unido al culto de Baal Peor". Mientras el pueblo lloraba a la entrada de la Tienda de reunión, un israelita trajo a una madianita y, en presencia de Moisés y de toda la comunidad israelita, tuvo el descaro de presentársela a su familia. De esto se dio cuenta el sacerdote Finés, que era hijo de Eleazar y nieto del sacerdote Aarón. Finés abandonó la asamblea y, lanza en mano, siguió al hombre, entró en su tienda y atravesó al israelita y a la mujer. De este modo cesó la mortandad que se había desatado contra los israelitas. Con todo, los que murieron a causa de la plaga fueron veinticuatro mil» (Núm. 25:1-9, NVI, énfasis personal).

Podemos descubrir la razón del celo del Señor cuando nos exhorta a apartarnos y abstenernos de uniones íntimas con los no creyentes: siempre nos inclinarán a adorar a otros dioses. Puede que hoy en día no se trate de Baal Peor, pero cualquier persona, por amable y buena que sea, si no tiene a Cristo en el centro de su vida, adora a algún otro dios.

En Deuteronomio observamos un mandato idéntico, bajo la misma justificación y explicación de que la unión íntima con un no creyente afecta radicalmente nuestra relación con Dios.

«Tampoco te unirás en matrimonio con ninguna de esas naciones; no darás tus hijas a sus hijos ni tomarás sus hijas para tus hijos, **porque ellas los apartarán del Señor y los harán servir a otros dioses.** Entonces la ira del Señor se encenderá contra ti y te destruirá de inmediato. Esto es lo que harás con esas naciones: Destruirás sus altares, romperás sus piedras sagradas, derribarás sus imágenes de la diosa Aserá y les prenderás fuego a sus ídolos. **Porque para el Señor tu Dios tú eres un pueblo santo; él te eligió para que fueras su posesión exclusiva** entre todos los pueblos de la tierra». (Deut. 7:3-6, NVI, énfasis personal).

El pueblo de Israel siempre recibió instrucciones que le prohibían mezclarse con pueblos extranjeros. Dios sabía que esas personas tienen otros dioses (si su Señor no es Cristo), y nosotros somos proclives a adoptar esos ídolos y a perder de vista la visión de Dios. El pecado nos lleva a quejarnos y despreciar lo que Dios nos ha dado, al tener «hambre» por esas mismas cosas que desean los que no creen. Puedo afirmar, entonces, que la santidad, ese llamado constante a vivir para Dios, se ve seriamente amenazado cuando decidimos entrar en un yugo desigual.

Para concluir esta corta muestra de referencias bíblicas, tenemos un par de situaciones en el libro de Jueces:

> «Allí los dejó el Señor para poner a prueba a los israelitas, **a ver si obedecían sus mandamientos**, que él había dado a sus antepasados por medio de Moisés. Los israelitas vivían entre cananeos, hititas, amorreos, ferezeos, heveos y jebuseos. **Se casaron con las hijas de esos pueblos**, y a sus propias hijas las casaron con ellos **y adoraron a sus dioses**. Los israelitas **hicieron lo que ofende al Señor; se olvidaron del Señor su Dios**, y adoraron a las imágenes de Baal y de Aserá» (Jue. 3:4-7, NVI, énfasis personal).

Más adelante observamos otro «caso de la vida real» en la historia de Sansón (Jue. 14). Sus padres lo reprenden por elegir a una esposa filistea en vez de encontrar una en el pueblo de Dios. Su comportamiento es emocional e impulsivo, e hizo caso omiso a las preocupaciones de sus padres al decirles «tómala para mí, porque ella me agrada» (v. 3). Si bien Dios redime la situación y la usa para Sus propósitos (v. 4), esta relación de Sansón terminó llena de manipulación, conflicto y separación. Más tarde Sansón recae en su patrón de yugo desigual al elegir a Dalila, una prostituta filistea de quien se enamora (Jue. 16). Es justo por esa elección que comienza su camino de destrucción, porque los filisteos vieron esta unión como una oportunidad para destruirlo. Nunca deja de asombrarme que Sansón había sido el único juez de Israel que fue llamado por Dios desde el vientre de su madre y consagrado desde su nacimiento, pero muchas de sus decisiones lo llevaron a alejarse completamente de este llamado y todas ellas estuvieron vinculadas a la elección de esposas que no temían al Dios de Israel.

Estas son tan solo algunas de las historias de personas reales que se alejaron del camino por su insistencia en unirse en yugo desigual. Lo más evidente es que las consecuencias no fueron insignificantes. Toda la Biblia nos recuerda que ser una sola carne con alguien que pertenece a las tinieblas es inadmisible para una persona que pertenece a Cristo, quien es la luz de este mundo (y sí, todo el que no pertenece a Cristo, pertenece a las tinieblas). Esto no puede tomarse a la ligera. Por eso es importante responder la siguiente pregunta:

¿Qué dirección seguirá un creyente atado a alguien que no lo es, y que, por ende, consciente o inconscientemente sigue el camino del enemigo?

Dios ha sido completamente claro en Su Palabra al indicarnos que este no es un mandato caprichoso, superficial ni flexible, porque atenta contra lo que más debemos cuidar: un corazón que viva en devoción exclusiva a Dios, orientado a una única dirección final, que es Cristo.

Qué no es yugo desigual

Creo que en este punto ya tenemos más o menos claro el concepto de yugo y la intención en que los diferentes pasajes bíblicos los usan para animarnos a obedecer a Dios. Podemos ver que el común denominador en la presentación de un yugo desigual es para mostrar la desigualdad profunda de la realidad espiritual, que provoca que sea imposible que ambas personas vayan en una misma dirección. Los cristianos pertenecemos a Dios y no a este mundo, somos justificados. Solo por gracia nuestro cuerpo es templo del Espíritu Santo. Lamentablemente, quien no ha creído aún, está fuera de esta realidad espiritual.

He observado que existen enseñanzas que se repiten con cierta frecuencia y que afirman que el yugo desigual no es solamente eso. Se habla, entonces, de yugo desigual de tipo «emocional», «ministerial» y hasta «socioeconómico». Se refieren a relaciones entre dos *creyentes* que tienen diferencias entre sí en términos de madurez emocional, llamado ministerial e incluso con respecto a su situación socioeconómica. Soy de la posición que estas enseñanzas son una adición a la Palabra de Dios; tan grave como una omisión. No hay ningún fundamento en la Palabra de Dios que nos indique que dos creyentes que se unen están en yugo desigual y, por ende, en desobediencia a Dios, aún si hubiera entre ellos diferencias educativas, económicas o de llamado ministerial.

Con esto no estoy afirmando que toda relación enfilada al matrimonio entre dos cristianos sea siempre una buena idea o prudente solo porque sería yugo «igual». No, al tomar una decisión de unir nuestras vidas en matrimonio hay muchas consideraciones que deben hacerse, entre ellas debe considerarse la compatibilidad de caracteres, visiones de la vida, doctrinas, la alineación de los planes y llamados, y la madurez espiritual. Todo esto es absolutamente importante para tomar decisiones sabias. No hay duda de que puede haber matrimonios entre dos creyentes que no serían una buena idea. ¡Pero de ningún modo podemos afirmar que se trata de yugo desigual! La oposición que la Biblia presenta es tajante y tiene que ver con opuestos extremos e imposibles de juntar:

Justicia — iniquidad
Luz — tinieblas
Cristo — Belial
Creyente — incrédulo
Templo de Dios — ídolos

Si lo usamos en términos vagos e intermedios, estaríamos perdiendo la intención bíblica radical en el uso de esta metáfora. Si lo usamos de una forma menos contundente, ¿estaríamos afirmando que, por esas diferencias no esenciales, uno de los dos creyentes pertenecería a las tinieblas?

He escuchado este tipo de afirmaciones en entornos cristianos: «*Marta, no te puedes casar con Luisito; él tiene llamado para ser un empresario y tú una misionera. Eso sería yugo desigual*». Y también cosas como, «*en ese noviazgo de dos cristianos, uno es mucho más "espiritual" que el otro; ahí hay yugo desigual*». De hecho, en los espacios que he dedicado en plataformas digitales para hablar del tema, muchas personas responden con absoluta convicción que están seguras de que sus relaciones fallidas con otros creyentes eran yugo desigual porque sus parejas las trataron mal.

Nuevamente, podemos estar de acuerdo en que hay relaciones románticas con otros creyentes que, simplemente, no convienen por múltiples razones. Necesitamos orar, buscar consejo sabio, anclarnos en la Biblia y pedir discernimiento al Espíritu Santo para tomar una decisión tan importante como entrar en un noviazgo. Muchas veces la conclusión luego de empezar una relación amorosa con otro creyente puede ser no continuar ¡Eso está bien! Pero no quiere decir que terminemos porque consideramos que entramos en yugo desigual. Si creemos que todo creyente genuino ha pasado de muerte a vida, que pertenece a la justicia y a Cristo, aún con nuestras diferencias, entonces podemos decir que vamos en la misma dirección: Jesús. Lo demás tendrá que ver con decisiones que cada uno tendrá que ponderar con la ayuda de Dios y su comunidad cercana.

No quisiera dejar de aclarar que si aún hubiera personas creyentes que nos han hecho un daño profundo en relaciones pasadas (¡o hemos sido nosotros!), esto solo demuestra que seguimos siendo pecadores imperfectos con una necesidad urgente de la continua obra transformadora del Espíritu Santo en nuestras vidas. Pero no estamos hablando de yugo desigual en este caso.

Tampoco quisiera dejar de lado esta pregunta que te puedes estar haciendo: *Pero, Clara, hay mucha gente que dice ser cristiana en la iglesia y realmente no lo es. ¿No sería eso yugo desigual?* Puede ser, claro. Sabemos que no toda persona que asiste a un servicio cristiano, que incluso se identifica como cristiano y que puede hasta servir activamente, es cristiano. Por eso es tan importante la etapa de conocimiento mutuo antes de comenzar un noviazgo porque permite ver el fruto de Cristo en esa persona, de conocer dónde está su corazón con respecto a su fe y las cosas importantes de la vida.

Una gran mayoría de uniones con personas que realmente no son cristianas suelen ser el resultado de decisiones tomadas con poca oración y paciencia al momento de conocerse con el otro. Muchos están más motivados por el «ideal» de esa persona, que por quien realmente es. ¿Nos podemos equivocar? Una y mil veces. Pero no estamos solos; si se lo pedimos, el Señor ha prometido guiarnos en sabiduría.

En conclusión, así como es profundamente importante no olvidar ni relativizar el mandamiento de no unirse en yugo desigual y ser obedientes, también es necesario abstenernos de añadir cosas a lo que el Señor nos ha dejado claramente establecido en Su Palabra. En el mismo sentido, Dios puede usar la unión de dos creyentes que tengan diferencias no fundamentales entre sí para Su gloria. Lo más importante es tener a Cristo en común... lo otro sí sería yugo desigual prohibido por el Señor.

¿Y si alguien ya está en un matrimonio en yugo desigual?

Después de examinar toda la evidencia bíblica con respecto al yugo desigual, suele surgir una duda con respecto a las personas que ya están casadas en ese yugo. Es común el caso de matrimonios en los que ninguno conocía a Cristo al momento de casarse y, un tiempo después, uno de los cónyuges llega a tener un encuentro con el Señor. Es obvio que surja la pregunta, ¿se sigue el consejo de separarse de ese yugo? ¿Qué tal el caso de alguien que contrajo nupcias en yugo desigual y, arrepentido, se da cuenta de su error? Ninguna de estas son situaciones fáciles de transitar. Lo primero que debemos recordar es que hay gracia para todo creyente que genuinamente desee hacer lo que agrada a Dios, aún si en el pasado no tomó las mejores decisiones. En muchos casos debemos vivir el resto de la vida lidiando con las consecuencias naturales de nuestras decisiones, pero no quiere decir que no haya esperanza en el Señor.

De hecho, tanto Pablo como Pedro plantean una vía para quien se encuentra en esta situación: Por una parte, Pablo exhorta a las personas ya casadas con no creyentes a que no rompan el matrimonio, siempre que la persona no creyente esté de acuerdo en continuarlo, indicándonos que la familia es santificada por medio del creyente (1 Cor. 7:12-16). Esto será posible, siempre y cuando la persona no creyente esté dispuesta a continuar. Si no fuera así, Pablo aconseja que hay libertad para la separación y que el creyente no está obligado a conservar una unión en términos desiguales.[1] Es importante recordar

---

[1] En estos versículos llenos de consejos prácticos de sabiduría para conducirnos, Pablo establece un principio importante de no sostener una unión en donde hay dinámicas peligrosas para uno o ambos cónyuges (por ej. abuso).

que Pablo termina este consejo con una nota de esperanza para el que transita esta dura situación: puede ser que la influencia de la fe del creyente termine impactando al no creyente y este se convierta. Esto lo plantea Pablo como una posibilidad, no como una certeza.

Luego nos encontramos con la exhortación de Pedro. Él hace un llamado directo a las mujeres cristianas a seguir sujetas a sus esposos, demostrando una conducta que pueda ser de testimonio para ellos (1 Ped. 3:1-2). Pedro está afirmando que la luz de Cristo en el creyente, evidenciada en su conducta, puede ganar a sus cónyuges aún sin palabras. De nuevo, esto de seguro implica un gran reto para el cónyuge, pero uno en el que sabe que obedece y honra a Dios en medio de una circunstancia poco ideal.

Conozco a varias personas que han vivido matrimonios en yugo desigual por mucho tiempo. Algunas de ellas, involuntariamente, ya que llegaron a conocer a Cristo después de casadas. Puedo asegurarte que Dios las ha sostenido y ayudado, pero todas estas personas afirman, sin duda, que es una lucha que no hubieran querido vivir. Su anhelo más ferviente es ver a sus cónyuges llegar a los pies de Jesús.

Vamos a la práctica: ¿por qué relativizamos el principio?

En una de las encuestas informales que suelo hacer por medio de las redes sociales, 43 % de los participantes creyentes (unas 400 personas) consideraban que tomar la decisión consciente de unirse en una relación en yugo desigual no siempre era incorrecta. Aunque estos son datos informales, mi experiencia y observación me hacen afirmar que reflejan muy bien una realidad a gran escala de la iglesia.

Muchos creyentes se involucran voluntariamente en relaciones de yugo desigual. Como recordarás, yo misma estuve dentro de esa estadística. Vuelvo a hacer algunas preguntas muy importantes:

¿Por qué lo hacemos?
¿Qué nos lleva a desestimar una instrucción tan clara en la Biblia y asumir consecuencias tan serias?

¿Por qué suele ser esta una de las instrucciones más relativizadas entre cristianos al momento real de empezar relaciones?

De manera general, la respuesta obvia sería por desobediencia producto de nuestra tendencia pecaminosa. Esa carne que nos quiere impulsar a hacer lo que no debemos. Creo que nadie lo describe mejor que Pablo: «Pues no hago el bien que deseo, sino el mal que no quiero, eso practico. Y si lo que no quiero hacer, eso hago, ya no soy yo el que lo hace, sino el pecado que habita en mí» (Rom. 7:19-20). ¿Te has sentido así en una relación que sabes que no agrada a Dios?

La realidad es que para la mayoría de los hombres y las mujeres creyentes el mandato a no unirnos en yugo desigual es claro: si vamos a tener un noviazgo y un posterior matrimonio, debemos hacerlo con un cristiano. Ese es el ideal y lo que, se supondría, todos anhelamos obedecer. Hasta ahí, todos estamos en la misma pista y todo va muy bien.

Sin embargo, con frecuencia ocurre que cuando un creyente conoce a alguien que lo atrae, que demuestra interés y cierta compatibilidad, de repente todo este sistema de creencias comienza a relativizarse y desmoronarse. Muchas circunstancias pueden influir en ese proceso de relativización, como la presión social, dar rienda suelta a nuestros deseos inmediatos, la soledad o incluso la edad que tengamos. Nos vemos frente a una especie de disparidad entre lo que Dios establece, lo que realmente anhelamos y la realidad frente a nuestros ojos. Es triste reconocer que muchos cambian aquello que saben que es correcto y lo comienzan a llamar «no tan malo... ni es para tanto», más motivados por la inmediatez y la posibilidad de una relación nueva y emocionante. Así terminamos negociando nuestros principios y nuestra obediencia a Dios.

Esta relativización de lo que era aceptable para Dios y nosotros puede pasar muy rápido o bien ser un proceso lento, que para muchos se ha venido alimentando de la decepción, la desesperación o la frustración que muchos solteros viven cuando esa pareja piadosa que anhelan no ha llegado. Es común, entonces, tratar de justificarlo con afirmaciones como:

«Está buscando a Dios y pronto se convertirá»
«Él no es súper cristiano, pero cree en Dios a su manera»
«Cree en Jesús, pero no está de acuerdo con la iglesia»
«Ella es mucho mejor mujer y persona que las cristianas con las que he salido»
«Al menos respeta lo que yo creo».

Estas justificaciones hacen que muchos terminen no solo aceptando entrar en una relación de noviazgo que los enfila a un yugo desigual, sino que, en una férrea lucha con el Espíritu Santo que busca mostrarles su desobediencia, empiezan a construir una serie de argumentos sumamente subjetivos que justifiquen la decisión. Si a esto le sumamos que al principio la relación va bien, entonces lo más posible es que todo el frenesí, la emoción y las hormonas acallen todas las dudas y sea mucho más fácil validar nuestras excusas.

¡Pero no son excusas! ¡Es mi realidad!

A pesar de que me avergüenza y no me deja bien parada, decidí comenzar este capítulo compartiendo mi historia personal porque quería que supieras que no solo he pensado en el tema, sino que lo he vivido en carne propia. Por eso puedo decir con propiedad que entiendo todas esas razones, la mayor parte de las realidades con las que lidia un soltero cristiano y, en especial, he sentido también la frustración, la amargura, la rebeldía y la soledad que muchas veces nos llevan a tomar estas decisiones.

Yo misma he relativizado los principios de Dios y también he vivido las consecuencias de hacerlo; por eso quiero decirte que ninguna razón es ni será suficiente para desobedecer la Palabra de Dios. No quiero descartar de entrada todos los argumentos ni decirte que no importan en lo absoluto, porque, después de todo, forman parte de la realidad que puedes haber vivido o estar viviendo ahora mismo. Dios no es ajeno a la realidad de tu vida, conoce la profundidad de tu corazón y le importan tus frustraciones y tus cuestionamientos. Pero, por otro lado, debo decirte que ninguna puede ser usada como un argumento suficiente que justifique ignorar el mandato clarísimo contra el yugo desigual.

¿Qué te parece si exploramos algunas de las excusas más comunes para justificar el yugo desigual y las confrontamos con la verdad bíblica?

1. **«No hay candidatos cristianos a mi alrededor, o los que hay no me prestan atención».**

   Esta era mi frustración personal número uno a lo largo de mi soltería: la falta de opciones. Sé que puede ser particularmente desalentador que pase el tiempo y no conocer a otros cristianos del sexo opuesto con quienes haya alguna posibilidad romántica. Pero ¿acaso creemos en un Dios limitado? ¿Necesitamos que haya 30 personas disponibles para estar tranquilos? La verdad es que solo necesitas que funcione con una sola persona y si esta es la voluntad de Dios en tu vida, Él lo proveerá a Su tiempo, por imposible que te parezca. Nuestro Padre es el Dios que hace camino en el desierto (Isa. 43:18).

2. **«Simplemente, estoy cansado o cansada de esperar».**

   Espero que el capítulo que dedicamos al tema de la espera y la verdadera perspectiva que debemos tener ante la idea de «esperar», te haya ayudado (si aún no te ha dado una perspectiva nueva, ¡te animo a que lo leas de nuevo!). Aunque sientas que se te acabó la paciencia y quieras simplemente ceder ante la rebeldía o responder a Dios en inconformidad por no darte lo que esperas, quisiera animarte a que puedas confiar en Él. C.S. Lewis decía, «estoy seguro de que Dios no hace esperar a nadie a menos que vea que esperar es bueno para él».[1] Qué triste sería tomar una decisión tan importante como nuestra vida de pareja motivados por el agotamiento emocional de desear algo que no ha llegado.

3. **«Me meto en esta relación porque, finalmente, Dios perdona todo y puede restaurarlo».**

   Esta idea parte de la premisa de que podemos pecar intencionalmente porque sabemos que habrá perdón y restauración después. Si bien es algo positivo tener la seguridad del perdón de Dios, recordemos que un

---

[1] Lewis, C.S. *Mero Cristianismo*, prefacio (1952)

cristiano genuino desea profundamente agradar a Dios a cualquier precio y si peca, el perdón no es inmediato, sino que llega cuando hay arrepentimiento (1 Jn. 1:9). Pablo no pudo ser más claro cuando en Romanos nos desafía: «¿Qué, pues, diremos? ¿Perseveraremos en el pecado para que la gracia abunde? En ninguna manera. Porque los que hemos muerto al pecado, ¿cómo viviremos aún en él?» (Rom. 6:1-2, RVR1960). Jamás deberíamos usar la gracia de Dios como una licencia para pecar.

4. **«Pero yo he visto que a muchas parejas que comenzaron así, siguen casados, tienen hijos y son felices; les funciona».**

Esto es cierto... parcialmente. Sé a lo que te refieres; yo también fui testigo de muchas relaciones de noviazgo en yugo desigual que aparentemente prosperaron, se casaron y hoy en día tienen hijos y siguen juntas. Pero esto no es necesariamente una señal de «éxito», ni mucho menos de obediencia. Puede ser que el Señor, en Su soberanía, haya hecho un milagro y el cónyuge no creyente haya llegado a Sus pies. Pero no hay ninguna evidencia que nos diga que se trata de una regla. De hecho, he podido observar que, en muchos casos, la parte cristiana del yugo desigual se desconectó de una u otra forma con Dios y no está viviendo todo el potencial ni la vida centrada en Cristo a la que Dios la llamó. Puede que no todas las uniones de yugo desigual terminen en una historia trágica a nuestros ojos, pero sí considero que hay una tragedia invisible cuando los cristianos cedemos a ciertos principios, relativizamos la verdad y terminamos perdiéndonos de vivir a la altura y conforme a la plenitud del llamado que Dios nos ha hecho.

5. **«No es tan grave».**

Siento que yo misma inventé esta excusa, por la cantidad de veces que la usé. Normalmente la usamos cuando ya estamos en una relación de yugo desigual y queremos minimizar el peso de nuestra decisión. Una frase muy similar dice: *Lo importante es que Dios me ama y es un Dios lleno de gracia; lo demás es juicio y legalismo.* Creo que este capítulo ha respondido ya a este argumento, así que solo recordaré que, si tienes dudas sobre la gravedad del yugo desigual, abras tu Biblia y profundices en los pasajes que ya he citado. Las consecuencias del yugo desigual son serias.

6. «Pero yo puedo convertirlo, porque el Señor no quiere que nadie se pierda. Además, solo somos novios, no es como si estuviéramos casados».

El noviazgo «evangelístico» no puede considerarse como una herramienta eficaz para transmitir el evangelio. Hay muchas razones para desestimar esta idea, pero principalmente porque tú y tu corazón están íntimamente involucrados con el «sujeto pasivo» de la supuesta evangelización. Además, ya sabemos que estamos contraviniendo un mandato bíblico claro y «el fin no justifica los medios».

Es cierto que hay casos excepcionales donde un no creyente ha terminado conociendo a Cristo dentro de un noviazgo de yugo desigual y ¡Gloria a Dios por esa alma! Pero en ningún caso se trata de una práctica que la Palabra favorezca y menos de un riesgo «misionero» que la Palabra de Dios nos anime a correr. NO existe una sola garantía de que la persona se convierta y sí muchas posibilidades de que salga uno herido o con la fe debilitada. Una vez involucrados y enamorados, terminar esa relación va a ser muy difícil, aún si la campaña evangelística no trajo ningún resultado.

Consecuencias

La principal razón por la cual debemos abstenernos de entrar en relaciones de yugo desigual es porque amamos a Dios. Jesús fue tan claro al decir que, si lo amamos, guardaríamos sus mandamientos (Juan 14:15). La obediencia no es más que la verdadera expresión de nuestro amor a Dios por encima de todas las cosas y no queremos que nada ni nadie perturbe nuestra intención de que se mantenga en el primer lugar de nuestras vidas.

Pero si necesitas todavía más razones para animarte a ser firme en tu obediencia, estas son algunas de las consecuencias funestas que puede traer una relación fundada en yugo desigual (en el noviazgo primero, luego profundizadas en el matrimonio):

- Te aleja de Dios y de una relación fructífera con Él. Esto se debe a que estarás actuando en desobediencia y porque tus intereses (aunque no te des cuenta) se encontrarán divididos al compartir tu vida con una persona que no tiene al Señor en primer lugar.

- Te limita en tu relación con Dios y Su Iglesia. Aún en el caso de que sigas sirviendo, el que tu vida esté unida de alguna manera a una persona que pertenece al mundo va a poner una especie de «techo» en tu libertad para involucrarte y crecer individualmente y en comunidad. Recuerda, un delfín y una gaviota se pueden enamorar y tener momentos juntos mientras el delfín salta a la superficie o la gaviota se sumerge por segundos, pero uno de ellos tendrá que morir cuando quieran tener una relación más profunda y duradera.

- Aunque esta decisión no puede afectar tu salvación (porque la salvación es algo que hemos recibido por fe y no por obras, no hay nada que hayamos hecho para ganarla y, por lo tanto, tampoco podemos perderla), sí considero que afectará cómo vives tu llamado y propósito para Cristo. En un matrimonio en donde cada uno está «jalando la vara» en su propia dirección, finalmente habrá una tensión constante o uno de los dos terminará siendo arrastrado a la dirección del otro.

- La familia que se forma y la manera en la que se cría a los hijos también se verá afectada por esta desigualdad. Los principios enseñados y vividos serán difícilmente coherentes con la Palabra de Dios o, al menos, no estarán fundamentados en el deseo de amar a Dios por sobre todas las cosas. Los valores distintos y muchas veces opuestos saldrán a relucir al momento de tomar decisiones importantes y escoger el estilo de vida familiar.

- Al tomar una decisión consciente de vivir en yugo desigual, vivirás en desobediencia. Sea que vivas constantemente sintiendo cómo el Espíritu Santo te redarguye o que termines por llamar bueno a lo malo y acomodando la situación dentro de lo aceptable, siempre será una decisión contraria a la voluntad de Dios para ti. Lo que más me hace temblar es que finalmente uno termine con el corazón endurecido y la conciencia cauterizada.

Una palabra final de ánimo

Quiero animarte y recordarte que ninguna relación romántica puede ser una prioridad por encima de nuestra obediencia a Dios. En la vida cristiana siempre deberemos tomar decisiones que, en su mayoría, no serán fáciles. Cuando la Biblia nos habla del llamado a morir a nosotros mismos, se está refiriendo a morir a nuestros deseos, a estimar todas las cosas como basura a fin de ganar a Cristo (Fil. 3:8). Sin embargo, esto no es un llamado a la resignación, como si estuvieras escogiendo entre tu felicidad y Cristo. Por el contrario, recuerda que hay plenitud de gozo en la presencia del Señor y el Señor vino para darnos vida en abundancia (Sal. 16:11; Juan 10:10).

Esto en la práctica de nuestras elecciones románticas se traduce en hacer las cosas como a Dios le agrada o, de otro modo, decidir no hacerlas. Al final de mi historia de relaciones en yugo desigual, Dios me llevó a tomar esta decisión:

> *Haré las cosas como le agradan a Dios, como lo establece la Biblia, o no las haré. No buscaré en un hombre inconverso o que crea en Dios «a su manera», una satisfacción que nunca me traerá, arriesgando tanto de mi relación con Dios. Aún y si el precio que hubiese que pagar es permanecer soltera, ayúdame, Señor, a encontrar el gozo que hay en ese regalo.*

Sé que pude tomar esta decisión por la pura misericordia de Dios y por la gracia del Espíritu Santo.

«Las decisiones que tomamos en nuestra vida romántica —una de las áreas más sensibles y vulnerables de nuestra vida— reflejan lo que creemos de Dios, de Su bondad y Su poder».

Te animo a que seas valiente y a que no te desanimes. Si Cristo es realmente tu todo, confía en Él para cada detalle de tu vida y sin reservas. No hay mayor tesoro que saber que vives al máximo de tu relación con Jesús, sin que haya nada negociable. Lo obedecemos porque lo amamos, porque sabemos que podemos seguir a aquel que dio Su vida para que la viviéramos en abundancia y eternamente. ¿Menospreciaremos ese regalo por una relación terrenal y pasajera? ¿Viviremos por debajo de nuestro llamado y potencial de servicio por algo que se siente bien en un momento y porque no queremos «esperar» más?

Confía en tu Dios.
Él jamás te defraudará.

Capítulo VIII
SEXUALIDAD EN LA SOLTERÍA[1]

Si no me caso... ¿me voy a quemar?

[1] Este capítulo lo recomiendo como lectura «gemela» con el próximo capítulo sobre el don de continencia, porque será necesario para ajustar nuestra visión bíblica sobre la sexualidad y responder de forma más completa a las inquietudes más urgentes que puedas tener con respecto a este tema.

«¡O TE CASAS O TE QUEMAS!»

¿Recuerdas la conversación con mi amigo en el primer capítulo, donde decía que mejor era casarse que quemarse? Aunque sé que su motivación para el matrimonio trascendía su deseo de tener relaciones sexuales con su prometida, el hecho de que su primera frase al darme la noticia fuese la frase del encabezado me dejó con el sabor amargo de la duda: Si yo nunca me casaba, ¿me iba también a quemar? ¿Era el sexo una necesidad tan urgente e inevitable que me apura a casarme a como dé lugar? ¿Mi única otra opción es el pecado? Estaba segura de que si alguien no tenía el indeseado «don de continencia» era yo. ¿Me estaba poniendo Dios en una situación imposible, al no proveerme ninguna opción para casarme, pero recordándome que me quemaría si no lo hacía?

Quise empezar recordando esta conversación sobre «casarse vs. quemarse» porque, aunque quizás no hayas tenido una charla idéntica, es probable que hayas escuchado 1 Cor. 7:9 citarse en prédicas, videos o artículos sobre la urgencia del matrimonio. He escuchado con cierta frecuencia a figuras de liderazgo dentro de iglesias locales usando esta referencia bíblica para llevar a una conclusión aparentemente muy bíblica: Tienes dos opciones, casarte o quemarte.

Básicamente, un acercamiento incompleto a la verdad de este versículo nos deja creyendo que hay solo dos caminos válidos: buscar desesperada y urgentemente el matrimonio o vivir en pecado. Quizás algunos han tomado en cuenta —porque no pueden dejar de verlo en los versículos anteriores—, que es posible que Dios capacite a algunos para no casarse. Entonces se afirma que «a menos que tengas el *superextraordinario* y poco común don de continencia», tienes una tercera alternativa, es decir, permanecer célibe toda tu vida para servir a Dios en algún contexto heroico como, por ejemplo, misiones riesgosas en el Tíbet. Ya hablaremos de esto en el siguiente capítulo con mayor detalle.

Estas alternativas me hacían sentir profundamente desmotivada en la lucha con mis propios deseos sexuales durante mi soltería. En mi caso, no estaba soltera por no querer casarme, sino porque no había encontrado todavía un esposo. Anhelaba profundamente una vida íntima con un esposo, pero parecía ser un sueño muy lejano, en especial si quería hacer las cosas agradando a Dios. Según la lógica anterior, me encontraba entonces ante las dos últimas opciones: caer en pecado para satisfacer mi deseo o negarlo totalmente y considerar la terrible (¡para mí lo era!) posibilidad de que Dios me hubiese «premiado» con el don más indeseado de toda la Biblia.

Todo esto pasaba por mi mente mientras veía a mis amigos creyentes y a cristianos en la palestra pública «presumir» de algún modo de las mieles del matrimonio y la vida íntima. También escuchaba a mis amigos no creyentes hablar de cómo disfrutaban de su sexualidad extramatrimonial con toda libertad y sin ningún peso en su conciencia. Aunque ninguna de estas referencias representaba la realidad con exactitud, parecía que todos, de alguna forma u otra, disfrutaban de su sexualidad excepto yo. Los mensajes del mundo eran tan diametralmente opuestos al mensaje de la iglesia sobre el sexo; el mundo me decía *¡hazlo! Satisface como sea tu deseo*, mientras que la iglesia me decía *¡ignóralo! Un soltero no debe preocuparse por esas cosas*. Pero para mí, mi deseo era real. De nuevo, ambas opciones me dejaban frustrada, y me sentía como un «bicho raro» por querer vivir una sexualidad que, aparentemente, me estaba siendo negada.

Conversando con un grupo de amigas cristianas solteras en sus 30s y sus 40s sobre este tema, salieron a relucir algunas de las dudas que en oración le han planteado a Dios y que, en momentos de crisis, se cuestionan. Algunas de las más destacadas (creo que representan muy bien el sentir de muchos solteros cristianos) son:

- ¿Qué pasa con mi sexualidad si no me caso nunca? ¿Qué pasa si tarda demasiado en llegar esa persona? ¿Qué hago con el deseo sexual que tengo hoy?

- Es fácil decirme «no lo hagas»; pero ¿cómo dejar de sentir que me estoy perdiendo de lo mejor de la vida, de lo que aún los cristianos casados presumen?

- ¿Es realmente tan grave vivir mi sexualidad mientras llega la persona indicada? ¿Acaso Dios no ha perdonado a mucha gente que lo ha hecho?

- ¿Puedo saciar mis impulsos sexuales? ¿Dónde dice en la Biblia que es malo masturbarse?

Hablemos de la realidad: El deseo sexual no se activa solo cuando cambiamos de estado civil

Sé que ya lo has escuchado: «No tengas relaciones sexuales antes de casarte». «Huye de la fornicación». Son mandatos sencillos, completamente verdaderos y necesarios para una vida piadosa. Sin embargo, cuando el discurso para los solteros jóvenes y no tan jóvenes es solo ese, pienso que se causa un daño potencial tremendo a la iglesia. De algún modo, se supone que el deseo del soltero está «dormido» y solo comienza a despertarse cuando iniciamos una relación amorosa con miras al matrimonio (aquí es donde sí se hace necesario hablar un poco más de límites mentales y físicos ante el deseo sexual) y se concreta cuando la persona se casa. Ahora sí podemos hablar libremente (¿o no?) de la sexualidad. Pareciera que el tema es innecesario antes de ese tiempo.

Pero sé de primera mano que estas ideas no responden las inquietudes ni ayudan en las luchas de las personas solteras. El anhelo de vivir una sexualidad plena no discrimina entre aquella persona que se casó a los dieciocho y la que a los treinta y dos años todavía está soltera. El deseo sexual con el que fuimos creados no se esfuma por el hecho de no estar casados o ni siquiera por no estar en un noviazgo; tampoco es un tema que se guarda en una gaveta olvidada, solo para acordarse cuando empieza a salir con alguien. El querer vivir nuestra sexualidad a plenitud es un deseo natural y está presente en las personas aún si no tienen un noviazgo o matrimonio. Además, vivimos en un mundo donde lamentablemente el sexo es tratado como un dios, cada vez menos íntimo y sagrado; ¡lo tenemos al alcance de cualquier pantalla! Esto, queramos o no, nos expone continuamente a tener que lidiar con pensamientos sexuales.

Es evidente que, si estás viviendo la soltería en este momento, es muy probable que tengas un montón de preguntas e inquietudes para las que no has encontrado un espacio seguro de discusión. Hay excepciones, claro, pero esta es la situación de muchos cristianos solteros en Latinoamérica. No pretendo contestarlas ni aliviarlas todas en este capítulo; pienso que esto solo puede lograrse bajo una permanencia continua en la Biblia, en Cristo y en una comunidad sana de creyentes, pero sí puedo ayudarte a ajustar la visión en algunos aspectos puntuales de este tema a la luz de las Escrituras y desmitificar los varios mitos alrededor de este tema que solemos escuchar los cristianos. Pero no quiero continuar sin decirte esto: creo que es difícil vivir una sexualidad sana en la soltería, pero no pienso que sea imposible.

La pureza importa... y es mucho más que virginidad

Tenemos la idea de que la pureza es un concepto únicamente asociado al sexo: Una persona es pura cuando se mantiene virgen en su soltería y deja de serlo al fornicar (o involucrarse en algún tipo de inmoralidad sexual) o bien, al casarse. Aunque este último caso no es calificado como pecado, se estima que «ya no hay pureza». Pero la pureza va mucho, mucho más allá de estas apreciaciones. La pureza es un estilo de vida que influye en cada decisión que tomamos.[1] Va más allá de la sexualidad y tiene que ver con el llamado a la santidad (que no es otra cosa que vivir apartados, diferenciados de las conductas de este mundo). Por eso, una persona que le da un lugar constante a los pensamientos, las fantasías, las conversaciones y las prácticas de índole sexual y a la lujuria en su vida, no se está conduciendo de una manera pura, así jamás haya sostenido relaciones sexuales con otra persona.

El peligro que nos seduce hacia el pecado no está expuesto a la luz del día, es un peligro oculto. En la vida de un soltero, la tentación puede estar aún más oculta porque nadie le pide cuentas de una vida sexual que en teoría no

---

[1] Masonheimer, Phylicia. *Christian Cosmo* (2017) pág. 113. Traducción propia.

existe. He podido saber, ahora más que nunca, de muchos casos de solteros y solteras que luchan en lo oculto y solos con su deseo sexual, sin encontrar respuestas satisfactorias más allá de no hacerlo hasta el matrimonio. Muchas veces, lo que ocurre es que permanecen coqueteando con la tentación de la fantasía o la masturbación y, al iniciar una relación sentimental, fácilmente caen en la fornicación. ¿Por qué fue tan fácil, si tenían tantas advertencias y conocían la verdad? Porque la puerta del pecado ya había sido abierta y transitada.

Del mismo modo, otra persona que tiene un pasado sexual fuera del matrimonio, pero que ahora vive arrepentida, sabe que es limpia por medio del sacrificio de Jesús y ha respondido viviendo en pureza. Pablo nos deja clara la posibilidad de vivir en pureza por medio del arrepentimiento, gracias a la obra de Cristo: «Y esto eran algunos de ustedes; pero fueron lavados, pero fueron santificados, pero fueron justificados en el nombre del Señor Jesucristo y en el Espíritu de nuestro Dios» (1 Cor. 6:11).

Sin embargo, Phylicia Masonheimer plantea un punto importante y profundamente cierto, cuando dice que, si bien la pureza trasciende lo que hacemos tangiblemente con nuestro cuerpo, también es cierto que, si no buscamos intencionalmente vivir en pureza en todas las áreas de nuestra vida, será una lucha sostenerla en nuestra área sexual. En sus propias palabras:

«La pureza tiene un costo: es incómoda, impopular y a veces, difícil [...]. Esta vida no se trata de mis deseos, por más que me gustaría satisfacerlos siempre. Esta vida es mi oportunidad de proclamar el evangelio. Así que tu pureza importa; es una oportunidad para cumplir la Gran Comisión desde donde estás [...]. Tu pureza proclama el evangelio».[1]

Nuestra pureza importa, sin considerar nuestro estado civil, porque proclama que tenemos un Dios poderoso que vive en nosotros, que nos liberó de la esclavitud del pecado y nos permite vivir de manera diferente.

---

[1] Ibid. pág. 113. Traducción propia.

Todos somos tentados

La tentación de vivir una sexualidad fuera del diseño original de Dios es real para la inmensa mayoría de los creyentes. Las parejas de novios son tentadas a iniciar prácticas sexuales antes del matrimonio. Los casados somos tentados a vivir la sexualidad matrimonial de forma distorsionada (pornografía, adulterio, etc.). Pero los solteros también se ven tentados a caer en relaciones o prácticas sexuales pecaminosas, fantasías, relaciones casuales (¡hasta online!), pornografía y masturbación. Sí, todo esto puede pasar aun si no tienen a una persona con quien caer en el pecado. Todo esto sucede porque la sexualidad es una de las áreas más íntimas del ser humano, donde a la vez es más vulnerable. Masonheimer dice que, «Satanás ataca la sexualidad porque es uno de los aspectos más influyentes en el ser humano».[1]

Pablo no duda en instarnos a huir de la fornicación (1 Cor. 6:18-19). Fíjate que Pablo no nos dice, «oren, esperen una respuesta del Señor, confronten al enemigo». No, nos dice ¡salgan corriendo!, porque nuestra carne es demasiado débil para exponerla deliberadamente a la tentación. La sexualidad fuera del diseño de Dios es un pecado tremendamente dañino, porque además de alejarnos de Dios como cualquier pecado, hace que pequemos contra nuestro cuerpo, que no es enteramente nuestro, sino la morada del Espíritu Santo.

La sexualidad no solo se distorsiona cuando tenemos relaciones sexuales durante un noviazgo, sino cuando nos exponemos a todas esas tentaciones que prometen proporcionarnos el mismo placer y la misma plenitud que trae la vida sexual matrimonial. Los solteros son particularmente vulnerables a todo esto. Las fantasías sexuales, las novelas eróticas, la pornografía, la masturbación, entre otras prácticas, nos prometen satisfacer la necesidad de sentirnos complacidos, amados y aceptados, aunque no tengamos a nadie con quien vivir esa experiencia. Se trata de pecado lleno de promesas vacías, porque ninguna relación sexual, ni siquiera la relación matrimonial, hará eso en nosotros. Solo Cristo puede proporcionarnos ese nivel de satisfacción y aceptación a largo plazo.

---

[1] Ibid. pág. 69. Traducción propia.

En su libro *Redeeming Singleness*,[1] Barry Danylak nos recuerda que: «José resistió la tentación a la inmoralidad sexual no solo por su lealtad a Potifar, sino, aún más importante, porque entraba en conflicto directo con su obediencia a Dios (Gén. 39:9)».[2]

Problemas de hombres...y de mujeres también

No sé si esto tiene que ver con algún tabú o costumbre cultural, pero por alguna razón siempre que escucho hablar de sexualidad y luchas con este tipo de tentaciones en el contexto cristiano, pareciera que el discurso va dirigido casi exclusivamente a los hombres. Crecí escuchando cosas como, «es que los hombres son mucho más sexuales que las mujeres». En mis años más difíciles de lucha con la tentación sexual, estas cosas hacían que me sintiera como un extraterrestre, como la única mujer que sufría debido a su deseo sexual no satisfecho.

Un día estaba en un grupo de oración de mujeres donde semanas antes se había unido una chica de unos veinticinco años. Hicimos una ronda de peticiones y ella, con lágrimas en sus ojos, nos pidió apoyo en oración porque luchaba con la pornografía y la masturbación desde hacía años. Pero lo más impresionante de su confesión vino cuando dijo: *¡Siento demasiada vergüenza! ¡Es que sé que soy la única mujer que lucha con esto, son cosas de hombres, pero quiero ser libre de este pecado y no sé cómo!* Siempre recordaré este encuentro porque, además de ser conmovida por su vulnerabilidad y ganas de cambiar, me hizo darme cuenta de que las luchas sexuales no tienen género. El pecado nos tienta a todos por igual. ¡Muchas mujeres tienen esas luchas y sienten que simplemente no pueden compartirlas en la iglesia porque creen que «es un problema de hombres»!

Masonheimer nos recuerda: «El mundo nos dice que abracemos el deseo. Perdidas en un limbo sexual-espiritual, muchas mujeres recurren a esconder su lucha, y repiten constantemente patrones de pecado en secreto».[3] Esta

---

[1] Soltería redimida.
[2] Danylak, Barry. *Redeeming Singleness* (2010) pág. 159. Traducción propia.
[3] Ibid. pág. 70. Traducción propia.

lucha puede ser cierta para ambos, hombres y mujeres solteros, pero quiero resaltar que, si eres mujer y te encuentras en ese ciclo de pecado, no estás sola ni eres anormal. Sin embargo, como cristianos sabemos que hay otra forma de vivir, porque el pecado ya no tiene control sobre nosotros (Rom. 6:14). Es necesario arrepentirse y buscar el apoyo necesario para cambiar nuestro rumbo de forma permanente.

El tabú de la masturbación

El tema de la masturbación para muchos es demasiado turbio e incómodo como para ventilarlo en la iglesia o hasta en un grupo pequeño. La mayoría de solteros no siente la libertad ni la confianza de compartir sus luchas con ese pecado por el temor a ser juzgados, pero también porque no saben cómo salir de él. Esto es precisamente (junto con la naturaleza oculta de este tipo de práctica) lo que impide que se corte el ciclo.

Nuevamente, esto es particularmente problemático para las mujeres que han escuchado que se trata de «un problema de hombres». Como la chica que conocí hace años, piensan que son las únicas en el planeta que tienen esta lucha. Sin la confesión no puede haber arrepentimiento y será difícil de sostener sin el apoyo de otros creyentes que nos animen y a quienes podamos rendir cuentas. Se convierte en un círculo vicioso de pecado que, además de hacernos sentir culpables y frustrados, abre la puerta a más pecado de índole sexual.

Escuchamos decir con frecuencia: *Pero ¿acaso la Biblia dice que es pecado? ¿no sería una oportunidad para satisfacer los impulsos sin tener relaciones sexuales?* Este es el tema: El mundo presenta la masturbación como una opción fácil, porque lo es. Pero justamente allí yace su naturaleza pecaminosa: en la masturbación, el ser humano busca una satisfacción inmediata, autoprovista, en la que no tiene que mediar compromiso ni intimidad alguna y en la que, sobre todo, no tiene que pensar en nadie más que en sí mismo. Esto sin mencionar que la mayoría de las personas necesitan de estímulos como la fantasía o pornografía para practicarla. Estos términos contrarían directamente la naturaleza de las relaciones sexuales conyugales, diseñadas por Dios como un acto de entrega y amor al cónyuge por medio de una expresión física donde se trata del otro y no de mí.

«La masturbación es adictiva y enfoca nuestras mentes en la carne en vez de en el espíritu (Gál. 5:16-18). A medida que una mujer continúa entreteniendo fantasías o imágenes que contribuyen a este hábito, está fortaleciendo la carne por encima del espíritu. Aún peor, este hábito entrena nuestras mentes en la lujuria. Aunque no estés en una relación o si nunca has tenido una, si continúas alimentando tu mente en la carne, va a ser mucho más fácil ceder a los deseos físicos una vez que estés en una relación (Col. 3:1-3)».[1]

Esto es exactamente lo que he observado en algunos casos; esta es la forma en la que funciona dentro de nosotros sin que nadie se dé cuenta. He conocido mujeres jóvenes que crecieron en la iglesia, amando a Dios, y que iniciaron una relación romántica que «de un día para otro» las hizo rápidamente caer en pecado sexual, yugo desigual e incluso concubinato. ¿Qué pasó entonces? Que probablemente esto no ocurrió de un día para otro, sino que los límites que debían ponerle a sus pensamientos ya se habían estado cruzando hace tiempo, ya sea por medio de conversaciones, fantasías, pornografía (y sí, series como *Bridgerton*, cuentan) o masturbación. Todas estas ideas y «posibilidades» de vivir la sexualidad se abrieron paso en la mente mucho antes de que hubiese una oportunidad física con otra persona. Mientras más alimentaban su carne (así fuese solo a nivel de pensamientos) su espíritu se debilitaba y la lujuria se convertía en un hábito secreto. Si estos patrones no se rompen, simplemente el pecado sexual continuará abriéndose paso en nuestras vidas, tomando distintas formas dependiendo de las circunstancias.

Hay solución

No hay nadie tan hundido en su pecado —de cualquier índole— que no pueda ser alcanzado por el perdón y la gracia transformadora de Dios. Nada me ha traído tanto consuelo como la certeza de que, si tú y yo confesamos nuestros pecados, Dios es fiel y justo para perdonarnos y para limpiarnos de toda maldad (1 Jn. 1:9). Es así de sencillo y así de radical. Requiere de nuestra parte la confesión y un arrepentimiento genuino para obtener de parte de Dios el perdón y la purificación. Arrepentirse significa, literalmente, cambiar

---

[1] Ibid. pág. 73. Traducción propia.

de conducta y de camino con respecto a lo que hacíamos. Así que no es solo un sentimiento de pesar por lo que hemos hecho, sino que implica una acción de cambio radical. Al saber que ya somos limpios, podemos tomar decisiones inteligentes y profundas para no caer en esas conductas nuevamente.

Haz lo que tengas que hacer: Rodéate de una comunidad de creyentes que te anime a vivir una vida pura en todo sentido, busca a una persona de tu mismo sexo a quien rendir cuentas, deja de ver las series o leer los libros que te tientan, evita involucrarte en cierto tipo de conversaciones... nada es demasiado inocente si te tienta de algún modo. Sé que estos consejos no son exhaustivos, pero quiero dejarte saber que no estás solo ni indefenso para vencer este tipo de pecado; te animo a buscar recursos de ministerios y creyentes que se dedican a estos temas, inclusive disponibles de manera digital.[1] Dios está contigo y el pecado ya no puede esclavizarte.

El matrimonio no es la solución al pecado sexual. El arrepentimiento sí.

Antes de cerrar este capítulo, hay un punto tremendamente importante a señalar en cuanto a nuestras creencias sobre el sexo, la soltería y el matrimonio: El matrimonio no es la solución ni la restauración del pecado sexual. La firma de un contrato civil y la pronunciación de votos delante de Dios y de otros, no sustituye la necesidad de arrepentimiento para el perdón y para la restauración. Masonheimer lo explica con suma claridad, cuando dice:

«En medio de esas luchas, el sexo matrimonial pareciera ser la luz al final del túnel, pero no lo es. La lujuria no es un problema sexual, y no se irá mágicamente en el momento en el que puedas tener relaciones sexuales lícitas. La lujuria es un problema espiritual y, como tal, solo se resuelve con una solución espiritual».[2]

Por eso es un error tratar de solucionar un problema de fornicación en una pareja de novios urgiéndoles a casarse, pero sin que medie un arrepentimiento

---

[1] Un recurso bíblico y práctico que recomiendo son los cursos en línea ofrecidos por el ministerio Libres en Cristo, los cuales puedes consultar en su web https://cursos.libresencristo.org/

[2] Masonheimer, Phylicia. *Christian Cosmo* (2017) pág. 70. Traducción propia.

genuino. Si mañana consiguieras una persona con la que iniciar un noviazgo y casarte, esto no será el alivio a la tentación y a la lucha sexual por completo. Esta idea, además, es lo que lleva a que tantos solteros tengan una lucha tan profunda y llena de frustración con su deseo sexual. Si la forma de dejar de luchar con la tentación sexual y vivir la sexualidad a plenitud es casarse, *¿por qué Dios no provee a ese cónyuge? ¿Quiere Dios que caiga en tentación sexual? ¡¿Acaso quiere Dios que me queme?!*

Entonces, el problema de interpretar erróneamente el consejo de «casarse para no quemarse» tiene que ver con su consecuencia lógica. Sam Allberry lo plantea así:

> «Pablo pareciera estar diciendo que, si luchas para controlar tus anhelos sexuales o románticos, entonces deberías casarte. Es difícil imaginarse a un hombre proponer matrimonio a su novia afirmando: "he estado luchando para ejercitar el dominio propio como soltero, así que debería casarme para no quemarme". Suena como si Pablo solo viese el matrimonio como un tipo de descarga de la incontrolable pasión sexual».[1]

Pero sabemos que no es así por toda la evidencia neotestamentaria sobre el elevado concepto del amor y de la relación conyugal que el mismo Pablo desarrolla en otros pasajes (ver 1 Cor. 13; Ef. 5).

Dios no es el responsable de nuestros deseos humanos ni tampoco tiene el deber de satisfacerlos todos, cuando y como queremos. Nuestra sexualidad durante la soltería, la viudez o el matrimonio, es una oportunidad más de vivir en total dependencia del Señor y confiando en que, en medio de realidades y luchas, Él nos capacita para darle gloria.

Antes de cerrar este capítulo, quiero invitarte a que vayamos juntos a la carta de Judas:

> «El problema es que se han infiltrado entre ustedes ciertos individuos que desde hace mucho tiempo han estado señalados para condenación.

---

[1] Allberry, Sam. *7 Myths about Singleness*, (2019) pág .41. Traducción propia.

Son impíos que cambian en libertinaje la gracia de nuestro Dios y niegan a Jesucristo, nuestro único Soberano y Señor» (v. 4, NVI).

Judas comienza esta carta dirigiéndose a la iglesia amada de Jesús, diciéndoles que tenía planificado escribirles sobre la salvación que tenían en común, pero que un tema urgente había surgido y que necesitaba abordarlo sin retraso: personas que afirmaban ser creyentes y parte del cuerpo de Cristo se estaban infiltrando entre ellos con un mensaje que buscaba justificar el libertinaje por medio de la gracia que Jesús les había dado. Es decir, estaban afirmando que las prácticas sexuales inmorales tenían cabida porque había una gracia con la que se los perdonaba. Judas afirma que esto no es más que un engaño y una negación de todo lo que Jesucristo era y es para los creyentes.

Más adelante en su carta, Judas describe que el destino de estos que pervierten la gracia no es más que la destrucción, puesto que ellos no tienen al Espíritu (aunque digan que sí) y han negado a Jesús con sus acciones. Judas los continúa describiendo al decir que, «Estos individuos son un peligro oculto: sin ningún respeto convierten en parrandas las fiestas de amor fraternal que ustedes celebran» (v. 12, NVI).

Esta es una de las muchas razones que encontramos en la Biblia para entender que no debemos jugar con la gracia que nos ha sido dada porque hacerlo es negar a Cristo. Me llama profundamente la atención que toda la advertencia que urgentemente hace Judas ante esta preocupante situación gire en torno a las prácticas sexuales prohibidas. Al constituir pecado contra nuestro propio cuerpo, que es el templo del Espíritu, tienen el poder de desviarnos del camino en tanto perseveremos en el pecado. No solo acostarte con alguien fuera del matrimonio es parte de esto; Pablo enumera todas las prácticas —sexuales y no sexuales— que son la evidencia de las obras de nuestra carne: **inmoralidad sexual, impureza, libertinaje, idolatría, orgías**, borracheras, envidia, sectarismo, rivalidades, disensiones, ira, celos, brujería, odio, discordia (Gál. 5:19-21).

¿Es posible estar soltero por poco o mucho tiempo y vivir en pureza de corazón y cuerpo? Sí, por medio de una relación viva con Dios y rodeados de una comunidad cristiana que nos guíe y apoye en este tema. Muchos insisten en que la clave para llevar un noviazgo puro sexualmente es establecer límites desde temprano en la relación. No podría estar más de acuerdo, pero incluso creo que esos límites comienzan cuando estamos completamente solteros y tenemos cuidado de lo que vemos, leemos y pensamos. Honramos a Dios cuando le entregamos nuestro deseo sexual no satisfecho, aun si no tenemos la certeza de si se satisfará en nuestra vida algún día. ¡De esto tratan las palabras de Pablo cuando dice que debemos estimar todas las cosas como pérdida por la excelencia del conocimiento de Cristo Jesús! (Fil. 3.8). Él es digno de tu confianza, aun en un área tan íntima de tu vida.

Tengamos cuidado de no hacer del sexo un ídolo ni un fin en sí mismo. Al final, este mundo y todo lo que hay en él como lo conocemos, va a pasar, incluido el sexo. Pidámosle diariamente al Espíritu Santo el fruto de Su pureza en todo lo que somos, la paciencia para esperar vivir las experiencias en el momento indicado y la fe para creer que lo que Dios dispone en cada momento de nuestras vidas, es solo lo mejor.

«Por tanto, amados, teniendo estas promesas, limpiémonos de toda inmundicia de la carne y del espíritu, perfeccionando la santidad en el temor de Dios» (2 Cor. 7:1).

«Honramos a Dios cuando le entregamos nuestro deseo sexual no satisfecho, aun si no tenemos la certeza de si se satisfará en nuestra vida algún día».

Capítulo IX

EL INDESEADO, DESCONOCIDO Y MALINTERPRETADO DON DE SOLTERÍA

UNA ESPERANZA MÁS GRANDE QUE EL SEXO

La primera vez que me acerqué seriamente a estudiar el tema del don de continencia o soltería[1] fue en la preparación del guion de un video para *YouTube*. Hubo dos cosas que me sorprendieron en mi investigación: 1) La mayor parte de las enseñanzas y las fuentes latinoamericanas que encontré abordan el concepto con superficialidad, dando por hecho que se refiere a una cosa y no a otra (en breve verás a lo que me refiero) sin justificación de por medio; 2) quizás debido a lo anterior, la mayoría de las reacciones y conversaciones de los solteros ante la posibilidad de tener este don están acompañadas de risas, burlas y de una oración que dice *«por nada del mundo quisiera tener este don; ¡no lo permitas, Dios!»*

Te aseguro que mi voz se unía a las de quienes hacen estas oraciones durante la mayor parte de mi soltería. Me daba terror pensar que yo pudiese ser una de las desafortunadas y excepcionales *elegidas* de Dios para tener este «don», que en nada se sentía como un regalo. Pero yo creía firmemente que no lo tenía y a eso me aferraba; después de todo, tenía un anhelo grande por casarme, los deseos sexuales sanos no me abandonaban y, sinceramente, mi aspiración máxima no era dejar a un lado todo eso para dedicarme por completo para servir a Dios. La consecuencia lógica de esta convicción era, entonces, que Dios debía tener preparado a un esposo para mí en alguna parte. Si Su voluntad para mí era distinta, entonces ha debido darme el don, y ese no era el caso...

---

[1] Alternaré entre estos dos términos para referirme al mismo concepto, el enunciado por Pablo en 1 de Cor. 7:7-9

¿verdad? Sin embargo, una parte de mí oraba angustiosamente por no estar equivocada y que me hubiera tocado la «lotería» con ese don.

Todas estas ideas que me generaban angustia no venían solo de mi propia falta de confianza en el Señor, sino también de un entendimiento impreciso de las palabras de Jesús y de Pablo sobre la posibilidad de una soltería prolongada o permanente. Obviamente, si vemos el don al que se refiere Pablo en 1 Corintios 7:9 como una calamidad que Dios nos manda sin que tengamos voz ni voto en el asunto y que nos condena a una vida de soledad e insatisfacción permanentes, no es de extrañarse que genere tantos sentimientos de rechazo y súplica para que no nos sea dado. Nos alegramos en la idea supuesta de que es tremendamente excepcional (algo que Pablo realmente no está diciendo en este pasaje) y solo esperamos no encontrarnos dentro de la excepción.

Quisiera extenderte en este capítulo una invitación a reconsiderar la forma en la que entiendes este don y, en general, a la forma en que te enfrentas a la posibilidad de una soltería prolongada o para toda la vida. Te garantizo que el Señor no va a decepcionarte en lo que descubriremos juntos.

Cómo define la Biblia el don de soltería o continencia

Comencemos por la referencia principal que se toma para desarrollar todas las enseñanzas acerca del don de continencia o de la soltería. Estas son las palabras de Pablo en su primera carta a la iglesia de Corinto: que está en 1 Corintios 7:7-9:

> «Quisiera más bien que todos los hombres fueran como yo; pero cada uno tiene su propio don de Dios, uno a la verdad de un modo, y otro de otro. Digo, pues, **a los solteros y a las viudas**, que bueno les sería quedarse como yo; pero si no tienen don de continencia, cásense, pues mejor es casarse que estarse quemando» (1 Cor. 7:7-9, RVR1995, énfasis mío).

Quise usar la traducción bíblica RVR1995 porque es muy probable que crecimos escuchándola decir, cada uno tiene su propio don, pero si ustedes no tienen este don de continencia, cásense. Lo interesante es que cuando vemos otras traducciones, como por ejemplo la NBLA, no hay una referencia explícita a tal cosa como el don de continencia, sino que se traduce como «si carecen de dominio propio» (v. 9). Otras versiones hablan de «si no pueden controlarse» (NTV), «si no pueden dominarse» (NVI) e incluso «si no pueden dominar sus deseos sexuales» (TLA). ¿Quiere esto decir que no hay un don que nos permite vivir célibes y ser como Pablo o como nuestro Señor Jesús? No, Pablo claramente establece que Dios nos da diferentes dones a este respecto (v. 7); pero sí quiere decir que quizás no funciona exactamente como lo hemos pensado.

Cuando hablamos de «don» hablamos, ni más ni menos, de un regalo. La palabra usada en este versículo en griego es *charisma*: favor inmerecido, recibido sin mérito alguno. Pablo usa esta misma palabra para hablar en otros pasajes de los dones de fe, conocimiento, virtud, de la misma salvación y de aquello que nos capacita sobrenaturalmente para servir mejor a la Iglesia (Rom. y 2 Cor.).

Podríamos, entonces, definir este regalo de continencia como la capacidad sobrenatural que Dios nos da para controlar o dominar nuestros impulsos sexuales cuando no estamos casados, y en este sentido, todos los que lo necesitan pueden beneficiarse de él.

Pablo nos está recordando que esta capacidad de vivir como él es un don de Dios. Te pregunto, ¿puede acaso Dios dar un regalo que sea malo? ¿Un don que no sea realmente lo mejor para Sus hijos y para Su propia gloria? Me vienen de inmediato a la mente las palabras de Jesús, «Pues si ustedes, siendo malos, saben dar buenas dádivas a sus hijos, ¿cuánto más su Padre que está en los cielos dará cosas buenas a los que le piden?» (Mat. 7:11). Lo primero que queda en claro es que, si Dios nos otorga este regalo, es algo bueno y con un propósito para Su gloria.

Desmontemos algunos mitos sobre el don

Cuando comencé a profundizar, ahondando en el fundamento bíblico y en el significado de este regalo, decidí investigar las enseñanzas sobre este tema de algunas personas de influencia (maestros y pastores) en las redes sociales. Para ser sincera, la mayoría de lo que encontré no necesariamente tenía un fundamento bíblico, sino que se basaba en opiniones, una visión cultural y, quizás sin darse cuenta, la concepción de que la vida en soltería es infeliz o inadmisible para un cristiano normal.

De alguna manera, la mayoría de las enseñanzas que leí y escuché, implicaban que debemos ser este ser súper espiritual y raro (que nadie quiere ser) para disfrutar de este don; que Dios te elige sin que tengas nada que decir al respecto. Por el contrario, definitivamente no tienes este don y deberías casarte lo más pronto posible si sientes el más mínimo deseo sexual o de casarte. Decidí resumir varios de estos mitos para luego contrastarlos con verdades bíblicas:

1. **La señal de tener el don de continencia es la falta de deseo sexual en quien lo tiene.** Realmente no podemos encontrar soporte bíblico para esta afirmación. Pablo está diciendo que Dios puede darnos el regalo, la capacidad sobrenatural para permanecer célibes. Sería forzado concluir que quien lo tenga jamás tendrá una lucha en el tema, no será tentado o incluso nunca tenga el anhelo de casarse. Es errado pensar que este don hace que no sintamos ningún deseo sexual. Por el contrario, debería ser entendido más como la capacidad dada por Dios de abstenernos del sexo a pesar de nuestros impulsos y deseos naturales. Veamos lo que decía el mismísimo Agustín de Hipona al respecto:

   «En tanto que la continencia reprime y cohíbe la libido, ejercita un doble cometido: apetece el bien inmortal, al que tendemos, y rechaza el mal, con el que en esta mortalidad contendemos. Al primero lo ama y espera; al segundo lo hostiga y vigila; en ambos busca lo honesto y rehúye lo deshonesto. No se fatigaría la continencia en reprimir los apetitos si no hubiese en ellos algo que nos estimula contra la honestidad, si no hubiese en el apetito malo algo que repugna a la buena voluntad. El Apóstol clama: sé que en mí, es decir, en mi carne, no habita el bien; el querer el bien lo tengo al alcance, pero no el realizarlo. Acá, mientras denegamos el consentimiento a la mala concupiscencia, el bien es realizado; cuando la concupiscencia sea consumada, el bien será consumado. Asimismo, clama el Doctor de las gentes: me deleito en la ley de Dios según el hombre interior; pero descubro en mis miembros otra ley que lucha con la ley de la razón».[1]

Para Agustín, el don de continencia glorifica más a Dios justamente porque es una lucha dentro de nosotros. Esa «batalla» interna es precisamente lo que hace que se ponga en evidencia el carácter sobrenatural del don que nos es dado. El don de continencia no significa que los creyentes que poseen este don no tienen deseos sexuales, sino que se trata de una capacidad para poder vivir sin la necesidad de satisfacer esos deseos sexuales.

En su libro *7 mitos sobre la soltería*, Sam Allberry señala:

> «No todo el que luche para practicar dominio propio en esta área necesariamente encontrará a una persona apropiada para casarse. La presencia de deseo sexual significativo no justifica desobedecer otros mandamientos bíblicos, como, por ejemplo, no casarse con una persona del mismo sexo o con alguien que no comparte nuestra fe en Cristo. No podemos simplemente tomar 1 Corintios 7:9 aisladamente y deducir de ahí que Dios de algún modo nos debe proveer de intimidad sexual con alguien».[2]

Esto también implica que no habría necesidad de un don si el deseo o el anhelo fuese inexistente y tampoco puede llevarnos a concluir que, tener deseo nos descalifica para recibir el don. Lo cierto es, que, si estamos solteros y tenemos deseos sexuales y el anhelo del matrimonio, necesitamos la capacidad sobrenatural dada por el Espíritu para continuar controlándonos por el tiempo que Dios haya dispuesto.

2. **Solo sientes el deseo de servir completamente al Señor.** Pablo realmente señala que para el soltero es más fácil tener un corazón indiviso, libre de las preocupaciones del día a día que trae el matrimonio. De este modo, puede que Dios te esté llamando a una temporada o a una vida de soltería y aun así luches con algún deseo de tener otros anhelos o

---

[1] Agustín de Hipona, *La Continencia* (416-418) https://www.augustinus.it/spagnolo/continenza/continenza_note.htm#N18

[2] Allberry, Sam. *7 Myths about Singleness*, (2019) p.42. Traducción propia.

pienses en otros intereses diferentes al servicio a Dios. Esta enseñanza también puede inducir al error, porque entendida de esa manera significaría que el casado no dedica su vida a servir al Señor con el mismo corazón y la misma entrega. Aunque el soltero puede tener muchas responsabilidades, a nivel práctico puede enfocarse en las cosas del Señor porque no se ve obligado a decidir entre las responsabilidades propias del matrimonio y su tiempo para Dios, y esta es la intención verdadera de Pablo al exponer esta realidad práctica.

3. **¡Dios no te hubiera dado el deseo de casarte si no tuvieses el don!** Este mito es uno de los más populares que encontré y podría desmontarse de manera muy similar al primero, porque ¿para qué alguien necesitaría una capacidad sobrenatural para contenerse de un deseo que nunca ha sentido? Por otra parte, en la Biblia encontramos a muchas personas que tenían anhelos que nunca se cumplieron. Cosas que esperaban de una forma y que resultaron de otra. Los hijos de Dios tenemos muchos sueños que pueden ser genuinamente buenos, pero esto no es garantía de que todos se cumplirán, ni hace que tengamos un derecho especial delante de Dios para que los cumpla. Esta idea, entonces, no es compatible con la teología bíblica y le atribuye a Dios una responsabilidad que no le corresponde. No siempre tenemos ciertos anhelos porque Dios los puso y por eso debemos evaluar con frecuencia nuestro corazón. Dios, en Su soberanía y Su perfecta paternidad, nos dará las cosas que Él sabe que son buenas y necesarias.

4. **Tienes completa paz estando soltero.** Según esta afirmación, si no estás conforme con tu soltería, entonces no tienes el don de continencia. ¡Esto también es una visión errada y hasta ilógica! Implicaría que prácticamente nadie tiene este don. Pensemos en otros dones, otros regalos del Señor, como, por ejemplo, el don de evangelismo o el don de fe. Estos dones no implican que la persona jamás ha luchado con evangelizar o con su propia fe. Las luchas siguen siendo parte de nuestra experiencia humana básica, pero el Señor nos capacita de manera especial con esos dones para propósitos específicos. Si necesitas pensarlo de otro modo, entonces a quienes les ha sido concedido el regalo del matrimonio, no encontrarían allí ningún conflicto ni inquietud. Esto no es bíblico ni realista. Tu falta de paz con respecto a tu estado civil no indica que no debas estar en él. Lo que realmente

indica es que necesitas más que nunca aferrarte a Dios y depender de Él para vivir este llamado que te ha dado con gozo. Tim Keller sostiene que esta visión sobre el don de soltería no encaja con las enseñanzas de Pablo acerca de los *charismas* de Dios, porque los dones se tratan de edificar la Iglesia y no de darnos un sentido de plenitud personal o individual.

La Biblia habla en muchas oportunidades de que en toda situación podemos glorificar a Dios. Este es el sentido de toda la exhortación contenida en esta sección de la carta de Pablo a los corintios (1 Cor. 7). Es importante señalar que Pablo venía hablándole a una iglesia enfrentada a muchas situaciones de pecado e inmoralidad sexual dentro de sí misma desde los capítulos anteriores. Era fundamental explicarles que, si vivían en matrimonio, éste era sagrado y se debían solo el uno al otro sexual y personalmente, pero que, si iban a vivir estando solteros, tenían que hacerlo en completa abstinencia sexual y que esto era posible, únicamente mediante el don de Dios. Pensar en una vida de soltería permanente iba a requerir disfrutar de este don para toda la vida, mientras que aconseja que se casen aquellos que no pueden hacerlo para no caer en la inmoralidad sexual que se estaba viendo en esos tiempos y en los nuestros también. Wayne Jackson explica lo siguiente:

«Por ejemplo, si un hombre está soltero, pero tiene muchos impulsos sexuales, ¿cómo puede satisfacer la inclinación natural de su cuerpo? ¿Podría simplemente buscar a una mujer, quizás una prostituta, para satisfacer ese deseo? La respuesta de Pablo es inequívoca: ¡NO! El apóstol indica que eso sería fornicación. La solución que le da Pablo es que encuentre una esposa. Pero, ¿y si no encuentra aún a una esposa apropiada? ¿Qué debe hacer? Puede seguir buscando, pero en el interín, debe permanecer célibe hasta que la encuentre. Esto le ayudará a desarrollar dominio propio».[1]

Todas las razones anteriores nos muestran que el planteamiento hecho por Pablo en su carta a los corintios con respecto al don de soltería no es hecho con la intención de dar una solución escapista a los impulsos sexuales difíciles de controlar. Pensar de esa manera lleva a muchas personas a creer que no tienen

---

[1] Jackson, Wayne. *What Is the "Gift" of Celibacy in 1 Corinthians 7:7?* ChristianCourier.com. Fecha de acceso: Julio 2021.

el don si están luchando con sus deseos sexuales o emocionales en su soltería y que deberían correr a buscar pareja y casarse para no quemarse. Allberry lo explica con mucha claridad: «Así que no es tan sencillo como decirle a cualquier persona que experimenta tensión sexual que debe casarse. De otro modo, como dice Vaughan Roberts, "muchos necesitarían casarse en la pubertad"».[1]

¿Es el don de soltería un regalo destinado solo a unos pocos?

Siempre que pensaba en la idea de que alguien tuviese el don de continencia, no solo lo asociaba con un prospecto negativo (porque concebía la soltería como una situación desafortunada), sino que siempre lo consideraba como una posibilidad excepcional: Dios se lo da a algunas poquísimas personas ultra espirituales que no experimentan tentaciones y caminan en este mundo sobre una nube. Sin embargo, ya he demostrado que no encontraremos un fundamento a ese argumento en la Biblia. Por eso quisiera destacar algunas razones de por qué el don no opera de esta manera.

Si el don fuera solo para algunas pocas personas, todos los cristianos que entran a la pubertad, los cristianos solteros en su juventud y adultez y los divorciados y los viudos no tendrían ningún tipo de capacidad espiritual para permanecer sin tener relaciones sexuales, ya que según Pablo necesitamos de esta capacidad otorgada por Dios para ser célibes. Simplemente, sería muy difícil abstenerse del sexo extramatrimonial porque muy pocas personas contarían con la capacidad de hacerlo. Pero esta no es la realidad del don que se nos describe en la Biblia. Dios nos llama a vivir de forma apartada a las costumbres del mundo, y todo el que no se encuentre casado, necesitará de la ayuda que el Espíritu Santo nos da para vivir en pureza sexual. De este modo, Dios nos da provisión para aquello que nos demanda hacer.

En este sentido, debemos dejar de pensar en los beneficiarios del don de soltería como seres espiritualmente superiores que no sienten absolutamente nada y, por el contrario, debemos comenzar a reconocer que el Señor nos llama a ejercitar ese don si no nos llama al matrimonio en nuestro presente. Allberry busca desmitificar la idea del don solo para algunos especiales:

---

[1] Allberry, Sam. *7 Mitos sobre la Soltería*, (2019) p.44. Traducción propia.

«Así como el concepto de superhéroe puede dominar los estrenos del verano, así puede fácilmente dominar la forma en la que pensamos acerca de la idea bíblica de la soltería. Mucha de nuestra "configuración" automática ve a la soltería en términos de deficiencia. Es la ausencia de algo bueno: el matrimonio, y de la satisfacción romántica y sexual que parece representar. Los solteros son no-casados, mientras que nunca pensaríamos en definir a los casados como no-solteros. Es la soltería lo que pareciera estar en necesidad y deficiencia, y la única forma de lidiar con ello es si Dios te da una especie de superpoder. Todo esto significa que podemos sentirnos poco identificados con la forma en que Pablo describe la soltería en el Nuevo Testamento; no solo como algo soportable, sino como un regalo. Muchos cristianos han tomado el don de soltería como una especie de capacidad especial para soportarla. Es una dotación inusual que le permite a ciertas personas escogidas sobrevivir como solteras. Es como si fuera un superpoder».[1]

Paige Benton refuerza la idea de esta manera: «El don de soltería es un regalo que Dios da a todos, al menos temporalmente. Para algunos, el don es permanente; para otros, Dios quita ese regalo para darnos el regalo del matrimonio en su lugar».[2]

El Señor, que conoce nuestro pasado, presente y futuro, nos da aquello que necesitamos cuando lo necesitamos, y más si se trata de vivir en este mundo apartados para Él. Si te ha llamado a una temporada de soltería o de viudez, con ella te dará el don del cielo para que puedas vivirla para Su gloria. Aún si te estuviera llamando a una vida entera en soltería, el Señor te permitirá vivirla en plenitud, con la fortaleza necesaria que requerirán los retos que vengan con ese llamado, de la misma manera en la que capacita a otros a vivir el llamado desafiante al matrimonio. Sam Allberry llega a una valiosa conclusión sobre este punto:

«Se hace difícil ver por qué alguien entonces no debería aplicar la misma lógica al matrimonio (...) Si hay un "don de soltería" que capacita solo a

---

[1] Ibid. P. 36. Traducción propia.
[2] Benton, Paige. *Singled out for good*. Fecha de acceso: Marzo de 2020. Traducción propia.

algunos pocos a prosperar como solteros, no hay razón para creer que no hay un respectivo "don de matrimonio" que permite a los casados prosperar en sus matrimonios. El hecho es que el matrimonio no es fácil. Pensar que solo la soltería requiere un don especial oculta el hecho de que el matrimonio también es muy retador para pecadores como nosotros».[1]

«Si te ha llamado a una temporada de soltería o de viudez, con ella te dará el don del cielo para que puedas vivirla para Su gloria».

De este modo, creo que el abordaje más práctico y exacto es pensar que si no estás casado, puedes pedir el don, porque lo necesitas para abstenerte del pecado sexual.

Un entendimiento más sólido y preciso de este tema hará que no se use la idea del regalo que Dios nos da en la soltería como un tema jocoso o incluso de burla, en donde irónicamente nos mofamos de la idea de salir «premiados» con el don, lo cual no debería jamás suceder. Siempre me incomodó que se tomara como un chiste algo que la Palabra de Dios nos revela como sagrado. Nuevamente las palabras de Sam Allberry explican este caso negativo perfectamente cuando dice:

«... mientras los solteros pudieran reírse ante la idea de que Dios potencialmente les dé tal don indeseado, debemos reconocer cuidadosamente de quién nos estamos riendo. Dios no es tonto; no es el tío que todavía piensa que tienes doce años cuando ya alcanzaste tus treintas y te envía regalos infantiles. Es el Creador que te hizo y te conoce. Él es quien ordena todas las cosas y lo hace por tu bien. Una cosa es voltear los

---

[1] Allberry, Sam. *7 Myths about Singleness*, (2019) pág.39-40. Traducción propia.

ojos al regalo infantil de ese familiar bienintencionado pero equivocado, y otra voltear los ojos a la omnisciencia de Dios. Si rechazamos la idea de que la soltería es un regalo, no es porque Dios no nos ha entendido, sino porque no hemos comprendido a Dios»[1].

¿Es un don desde siempre y para siempre?

Algunos de los argumentos populares con respecto a que el don de soltería es designado a unos pocos y para toda la vida, tiene que ver con la idea de la irrevocabilidad de los dones que encontramos en las siguientes palabras de Pablo, «Porque los dones y el llamamiento de Dios son irrevocables» (Rom. 11:29). Sin entrar en un análisis bíblico pormenorizado, pienso que la aplicación de este versículo a los dones espirituales es errada porque en su contexto (caps. 9-11) se refiere al trato y llamado de Dios a Israel como un regalo inmerecido de Dios para ese pueblo. Extraer de aquí un principio de irrevocabilidad de los dones espirituales sería hilar demasiado fino y además ignorar la naturaleza de un don como el de continencia.

Si este don siempre fuera permanente cada vez que Dios lo otorga, entonces lo daría exclusivamente a las personas que nunca contraerán matrimonio. ¿Qué sucede entonces, por ejemplo, con las personas viudas? No olvidemos que Pablo les habla a ellas también, indicando que sus instrucciones son para «los solteros y las viudas» (1 Cor. 8). ¿Cómo opera aquí la permanencia si estas personas no lo tenían y luego sí? Si aún te parece dudosa esta idea, pensemos en responder las siguientes preguntas: ¿Acaso el soltero que se casa después de años de anhelar el matrimonio no tuvo el don de mantenerse célibe? ¿No requieren esto mismo el hombre o la mujer viudos que permanecen así el resto de su vida después de haber estado casados? ¿Acaso no son ellos llamados a una vida pura? ¿Cómo podrían hacer esto sin un don que les fuese regalado durante esta nueva etapa de sus vidas?

Todas las ideas distorsionadas sobre el regalo de la continencia tienen consecuencias importantes en cómo se vive la soltería durante el tiempo que Dios la haya determinado. Por eso, cuando una persona soltera con cierta edad, que

---

[1] Allberry, Sam. *7 Myths about Singleness*, (2019) pág.37. Traducción propia.

nunca se ha sentido identificada con la figura del ser ultra espiritual y elevado a quien se le da el don de soltería, ve sus años de soltería más prolongados de lo que planificó o lucha con la tentación sexual, puede terminar pensando que está en una situación completamente inadecuada. Esto puede llevarlo a tomar decisiones apresuradas o equivocadas, como casarse demasiado rápido o en una relación fuera de la voluntad de Dios ante la presión de que «no tiene el don de soltería». Seagal lo explica así:

> «Quizás toda la discusión de si uno tiene el don de abstinencia o no es de una relevancia limitada en cómo vivimos nuestra vida. ¿Tengo el don de soltería para siempre? Probablemente no, pero he tenido que ser célibe en varios momentos de mi vida. He aprendido que mi enfoque principal no debería estar en mi estado civil, sino en Dios y en Su Reino, confiando en Él para mis necesidades más profundas».[1]

Una esperanza más grande

Hemos pasado los dos últimos capítulos hablando sobre todo lo que implica entender que nuestra sexualidad es real, aunque no estemos casados, que hay un don de continencia dado por Dios que nos permite permanecer santos y fieles en medio de esa guerra en nuestra carne. Sabemos también que no siempre hay garantías de que ese período se hará más breve, solo podemos estar seguros de que el Señor nos sostendrá. Aunque es posible que estas ideas sean nuevas o incluso sorprendentes para algunos, es comprensible que puedan parecer parcialmente desalentadoras. Todos quisiéramos tener la seguridad de que nuestras luchas serán breves, que tendremos una paz constante o, como lo testifica el apóstol, que siempre podremos estar contentos en cualquier situación (Fil. 4:11). Si bien hay promesas de paz y seguridad en la Escritura, una gran parte de ellas no llega sin una lucha que debemos librar en nuestra propia carne y en medio del mundo caído en el que vivimos.

Quiero decirte que lo más importante es que te aferres a esta verdad: tener paz en la soltería, la victoria sobre la tentación sexual o la llegada del matrimonio anhelado no son las mayores aspiraciones a las que estamos llamados.

---

[1] Seagal, Marshall. *Soltero por Ahora* (2018) pág. 41.

La vida que vivimos hoy como personas salvas no tiene que ver con estas pequeñas esperanzas, sino con la más grande que tenemos en Cristo.

Pero, quizás te preguntas *¿cómo podría mi soltería prolongada o mis deseos sexuales insatisfechos tener sentido y glorificar a Dios?* Me agrada la explicación del psiquiatra y académico cristiano Glynn Harrison:

> «Los cristianos solteros que se abstienen del sexo fuera del matrimonio llevan el testimonio de la naturaleza fiel del amor de Dios con la misma autoridad que aquellos que tienen relaciones sexuales dentro de la unión matrimonial (...). Ambos, las personas solteras y casadas que se abstienen del sexo fuera del matrimonio testifican de un mismo punto. Ambos viven su sexualidad en formas en las que sirven como un signo del Reino y del carácter fiel de la pasión de Dios»[1].

Allberry complementa muy bien esta idea destacando la necesidad de solteros viviendo su soltería para la gloria de Dios:

> «Si el matrimonio nos muestra la forma que toma el Evangelio —la unión de Cristo y Su iglesia— la soltería nos muestra su suficiencia. Por esto es que la iglesia necesita a los solteros. No como una fuente interminable de niñeros y niñeras, sino para recordarnos que el gozo y la satisfacción del matrimonio en esta vida es parcial y solo puede ser temporal».[2]

Enfrentarme a la posibilidad de permanecer célibe por el resto de mi vida en mi soltería fue algo duro, pero necesario. Me forzó a tener un entendimiento mucho más adecuado de lo que significaba morir a mí misma y vivir la vida de entrega a la que Dios me estaba llamando; tuve que ajustar mi perspectiva de la eternidad. Si mi anhelo por la intimidad sexual era algo que también necesitaba entregarle, entonces debía hacerlo sin tardanza. Esto no solo como un sacrificio doloroso a ciegas, sino bajo la comprensión de que el sexo (a pesar del lugar prominente que tiene en la cultura hoy) no lo es todo ni es la

---

[1] Harrison, Glynn. *A Better Story: God, sex, and human flourishing*, (2016) págs.136-137. Traducción propia
[2] Allberry, Sam. *7 Myths about Singleness*, (2019) pág.120. Traducción propia.

cúspide de la plenitud y la satisfacción humana. Entendí que, en mi sexualidad, Dios me estaba llamando a presentar mi cuerpo como sacrificio vivo y santo, aceptable a Dios como mi culto racional a Él (Rom. 12:1).

Todo cristiano soltero debe confrontarse a sí mismo con estas verdades y pedirle a Dios que pruebe su corazón, que le muestre la realidad de sus propios caminos (Sal. 139), de idolatría, inconformidad y amargura por aquello que pudiera parecer que le está siendo negado. Se trata de un paso necesario hacia nuestra madurez espiritual y en el camino a vivir con gozo y para la gloria de Dios el regalo de la soltería. Aceptar esta verdad no implica que el celibato vaya a ser permanente. Como he repetido en varios capítulos, no lo sabemos. En mi experiencia personal, luego de haber aceptado que Dios me estaba llamando a una vida de abstinencia para Su gloria, al tiempo me hizo el llamado al matrimonio, también para Su gloria. Deshacerme primero del ídolo de la intimidad sexual no solo me ayudó a experimentar la plenitud del regalo de la soltería, sino que me llevó después a vivir una relación de abstinencia en mi noviazgo y a tener expectativas correctas sobre la intimidad al entrar en el matrimonio.

El enfoque de Cristo

Cuando Jesús habló acerca de la viabilidad de una vida en soltería, lo hizo apuntándonos a la eternidad con Él. Sus declaraciones fueron, cuando menos, desconcertantes tanto para los fariseos y los saduceos, como para Sus discípulos (Mat. 19:11-12; Luc. 20:34-36). En vez de centrarse en resolver el planteamiento sobre el matrimonio, el divorcio y la aplicación de la Ley del Levirato, Jesús los llama a entender que el matrimonio no será un tema del cual ocuparse en nuestra vida futura con Él.

Nuestro Señor se apoyó, nada más y nada menos, que en la figura de los eunucos, usados en este contexto para representar nuestra redención. Isaías señala que a los eunucos se les ha dado la esperanza nueva de que serán restaurados en el pacto escatológico de la familia de Dios y a quienes le será dada una herencia dentro de la Casa de Dios con un nombre eterno, mejor que tener hijos e hijas (Isa. 56:3-5).[1]

---

[1] Danylak, Barry. *Redeeming Singleness* (2010) pág. 159. Traducción propia.

«El eunuco es bendecido en su fidelidad al Señor. Es bendecido porque tiene una herencia eterna en el templo del Señor, independiente de hijos o familia. Es un modelo de alguien que, aunque carece de familia física, es completamente bendecido, completamente pleno en el Señor».[1]

Hemos sido bendecidos con una esperanza segura, mucho más inmensa que cualquier alegría, placer o vínculo terrenal. Nuestra verdadera y más grande bendición será siempre tener a Cristo y disfrutar de ese regalo inconmensurable. En la tierra, nuestra oportunidad de poder seguirle es única, guardar Su Palabra, que es vida y alimento para nosotros y glorificarlo con todo nuestro corazón cualquiera sea nuestra situación. Por eso no vivimos teniendo como fin último acumular riquezas, tener una familia perfecta, plenitud sexual o un trabajo exitoso, sino que Cristo viva en nosotros, nosotros para Él y testificar a Cristo al glorificarle con palabras y hechos. Vivir de esta forma nos permite aferrarnos a la única cosa que no pasará. «La verdadera bendición se encuentra en la integridad delante de Dios y en tener la relación correcta con Él: es lo que Jesús logró para los pecadores por medio de su sacrificio en la cruz».[2]

Qué gozo tan grande nos producirá saber que cualquier tesoro que podríamos desear aquí en la tierra es apenas una sombra minúscula de lo que Dios ha preparado para nosotros en Su presencia por la eternidad. Esta es la esperanza que nos permite seguir fieles en medio de la incertidumbre sobre nuestra vida amorosa, la tentación sexual y lo inesperado de la vida.

«Que no haya matrimonio en el cielo habla, no de lo limitada de nuestra futura existencia, sino de la grandeza de nuestro Dios, porque ninguna relación humana o terrenal que podamos experimentar será ni como la chispa momentánea al encender una vela en comparación a experimentar el sol ardiente de nuestra existencia celestial ante la presencia de nuestro Dios Todopoderoso».[3]

---

[1] *Ibid*. P. 160. Traducción propia
[2] *Ibid*. P. 169. Traducción propia.
[3] *Ibid*. P. 165. Traducción propia.

Capítulo X

MIEDO AL COMPROMISO Y CÓMO ESCOGER CORRECTAMENTE

SOLTERO O CASADO,
PERO POR LAS RAZONES CORRECTAS

Tuve la oportunidad de dictar mi primer taller presencial para solteros hace unos años. En el programa había un espacio para que cada persona compartiera la razón que la llevó a participar en el taller. Varios participantes contaron sus luchas como solteros, sus problemas para aceptar la soltería como algo bueno, la presión social y su temor a quedarse sin pareja. Pero cuando llegó el turno de una de las participantes, Verónica, una hermosa mujer de unos 35 años, el discurso cambió radicalmente:

«En mi caso, no me siento igual que ustedes», dijo. «Yo la verdad sí que soy superfeliz estando soltera; es un tema superado porque prefiero estar sola que mal acompañada. Los hombres quitan demasiado tiempo y energía que prefiero invertir en mi carrera y en todo lo que estoy construyendo porque me cansé de sufrir. Valoro mucho mi independencia y la verdad es que yo solo necesito a Dios para seguir adelante».

Pese a la determinación de sus palabras, pude notar en sus ojos la frustración que sentía y cómo intentaba, de alguna forma, compensar la frustración que sentía pronunciando esas afirmaciones empoderadas. Lo pude distinguir con facilidad porque muchas veces yo misma fui esa mujer.

La falta de respuestas produce con frecuencia frustración e inconformidad con nuestra situación; entonces preferimos hacernos los fuertes, poner «buena cara» a una vida que no salió como esperábamos y volcarnos a lo que sí tenemos, es decir, carrera, metas, viajes o ministerio. Pensamos que *nadie debería sentir lástima por mí, ¿verdad? Si digo que estoy bien así y demuestro estar muy ocupada, entonces nadie se sentirá mal por mí ni dirán «pobrecita que se quedó solterona».*

Tener una buena actitud ante un escenario en el que las cosas no salen como esperamos es bueno e importante, pero esa actitud no puede venir de un corazón que solo busca aparentar que todo está bien e ignora sus sentimientos y realidades, sino de uno que ha confiado completamente en el Señor y sabe que todo estará bien porque estamos en sus brazos.

Es posible decir —de la boca para afuera— las cosas que se suponen correctas o aceptables, hacernos los fuertes e intentar anular nuestros sentimientos, nuestras preguntas y frustraciones sin llevarlos delante de Dios. Es posible sonreír y decir que nos sentimos bien como estamos y que no nos importa seguir solteros, cuando por dentro la soltería sigue siendo una lucha, un tema por el cual resentimos profundamente al sexo opuesto o, incluso, a Dios. Por temor o una supuesta resistencia al dolor, preferimos ponernos una coraza de falsa fortaleza. Es falsa porque no está anclada en Aquel que es nuestra fuerza, sino en una necesidad emocional de no sufrir más y por eso buscamos aparentar ser fuertes ante otros.

Por supuesto, esto no quiere decir que no haya personas que genuinamente se sientan plenas en su soltería. Claro que las hay y a ello debemos apuntar porque la plenitud en Cristo es una garantía bíblica que no está vinculada al estado civil. Mi anhelo es que este libro te pueda ayudar a disfrutar de esa plenitud con conocimiento y sabiduría. Pero también hay quienes quieren permanecer solteros por las razones equivocadas y esto es igual de serio que la situación contraria de personas desesperadas por casarse. En ambos casos, se termina creyendo que una situación (la soltería o el matrimonio) es lo que finalmente producirá bienestar, plenitud y paz, cuando eso solo lo puede hacer Cristo por nosotros.

Por la gracia de Dios, después de terminar el taller, Verónica me pidió que nos tomáramos un café la siguiente semana porque necesitaba hablar con alguien. Ese primer café se convirtió luego en varios encuentros en los que pudimos conversar sobre su vida, su fe y su inmensa frustración con el sexo opuesto. Ella era una mujer atractiva y con una carrera exitosa, había tenido muchos pretendientes y algunas relaciones, pero todas terminaban de la misma forma: rechazo, infidelidad y engaño. Cansada de esas experiencias frustrantes y recién empezando a conocer a Cristo, ella decidió que iba a ser fuerte, que manifestaría que estaba bien y que no necesitaba de ningún hombre. La animé luego de varias conversaciones a reconocer sus verdaderos sentimientos de frustración y resentimiento y a llevarlos a los pies de Jesús, para recibir consuelo y restauración del Señor. Pudimos profundizar juntas en la Palabra de Dios sobre cómo Dios entiende nuestra historia personal y quiere redimirla para Su gloria y para nuestro bien. Le recordé que era completamente válido querer permanecer soltera, siempre y cuando fuese por las razones correctas, porque, así como es posible casarse por las razones erradas, **es posible querer estar soltero con la motivación equivocada en nuestro corazón**.

Alertas rojas de motivación equivocada

Quisiera que revisáramos algunas de las razones más comunes que llevan a las personas a querer permanecer solteros por razones equivocadas:

1. **«No necesito a nadie»:** Si le añades algún versículo o tono espiritual a esta frase puede sonar muy piadosa; algo así como, «Dios y yo, solos contra el mundo». Es posible que te sientas así por diversas razones, pero en la mayoría de los casos tiene que ver con estar desilusionado de ciertas personas o no querer exponernos a la vulnerabilidad y sacrificio que las relaciones traen consigo. No obstante, sin superar y perdonar las desilusiones del pasado que no solo se originan en otros, sino también en nuestras propias decisiones o, simplemente, por este mundo caído, estamos declarando que es mejor estar solos porque creemos que la soledad nos protegerá contra el dolor. Esta coraza de falsa fortaleza es peligrosa y dañina para nuestra alma, relación con Dios y con el prójimo porque bien dice el Señor, «¡ay del que cae cuando no hay otro que lo levante» (Ecl. 4:10).

2. **«Todos los hombres (o mujeres, si eres hombre) son iguales»:** ¡Cuántas veces yo misma hice esa afirmación! Mi experiencia familiar y personal,

incluso dentro de la iglesia, me hacía pensar que era correcta. La experiencia en relaciones con el sexo opuesto ha dejado a muchos completamente desilusionados, más aún si esa decepción ocurrió en el contexto de una comunidad cristiana con creyentes del sexo opuesto.

Una de las encuestas informales a través de mi cuenta de Instagram a más de 500 personas solteras indicaba que el 60% de ellas había sufrido desilusiones amorosas serias con otros cristianos. Esto podría ser un reflejo de una realidad a gran escala para muchos solteros en Latinoamérica, una que los deja con la impresión negativa de que «hasta los cristianos son todos iguales». Hay mucho que pudiésemos desarrollar a partir de esta idea, pero lo más importante es reconocer que se trata de un mito generalizador que carece de fundamento objetivo. Lo único cierto aquí es que todos somos igual de pecadores, pero en Cristo somos todos redimidos y sujetos a la transformación continua del Espíritu Santo. Es cierto que hay cizaña o inmaduros en la iglesia, pero caer en una generalización niega la obra de Cristo en muchos que sí están buscando vivir su vida cristiana de forma genuina y en sometimiento al Señor.

3. **«Me da miedo escoger mal, no quiero sufrir»**: Algunos solteros reconocen su temor a volver a confiar en una relación o simplemente tienen miedo de escoger mal. Eso los paraliza solo con pensar en la posibilidad de entablar una relación amorosa. En ambos casos, estas personas terminan viviendo vidas solitarias porque están atadas por su temor en el terreno sentimental. Al igual que quienes sienten que no necesitan a nadie, es probable que, inconscientemente, decidan cerrarse a toda posibilidad de una relación con alguien del sexo opuesto para evitar el dolor de ser heridos, rechazados o de tomar malas decisiones. Esta termina siendo una especie de solución escapista a la realidad de la vida y el mundo en el que Dios nos ha llamado a vivir siendo sal y luz. La parálisis y el aislamiento solo demuestra que están actuando impulsados por el temor y no conforme al amor y el cuidado providencial de Cristo. Ellos creen que estas decisiones los pueden proteger del dolor y del sufrimiento.

4. **«No quiero perder mi libertad ni mi independencia»**. Otras personas creen que involucrarse en una relación es el final de su autonomía

individual. Es una idea muy popular en el mundo que muchos cristianos han comprado. Con frecuencia viene del otro extremo de la distorsión sobre el matrimonio y la soltería: ya no se trata de hacer del matrimonio un ídolo, sino de convertir esa falsa idea de libertad en otro ídolo. El mundo presenta la libertad e independencia como tesoros a los que debemos aferrarnos a toda costa, aún por encima de la posibilidad de amar y compartir la vida con otra persona. La conclusión popular es que una relación comprometida como el matrimonio viene a robarte tu identidad, tus logros o tu libertad. ¿Quién quisiera perder esas cosas tan valiosas? Pero, por supuesto, este tipo de pensamiento no corresponde a la verdad revelada por el Señor.

Entonces ¿cuál es el peligro de permanecer soltero por las razones incorrectas? Hay varias consecuencias potenciales, pero lo primero es saber que un hijo de Dios no está llamado a tomar decisiones basadas en la desilusión, la amargura, el resentimiento, el temor o la idolatría. Eso nos ataría innecesariamente a nuestro propio pecado y nos llevaría a vivir en un hermetismo emocional que nos impediría disfrutar de la plenitud garantizada en Cristo.

Cuando no hemos superado el pasado, guardamos temor o resentimiento hacia una persona (¡o hacia todo un género!). Vamos a enfrentar la vida y el resto de nuestras relaciones interpersonales con esa misma carga y no gozaremos de esa supuesta libertad o autonomía voluntaria que podríamos afirmar de labios para afuera, pero que nos volverá finalmente personas cínicas, resentidas o profundamente tristes, incapaces de amar y servir a otros.

Ninguna decisión basada en el temor
puede venir de Dios ni agradarle.

Sam Allberry identifica la raíz de la aversión al compromiso de esta forma:

«Muchas personas retrasan o rechazan el matrimonio por razones completamente egoístas (...) aun así, el problema de base no es la soltería, sino el egoísmo. Llamar a la soltería una amenaza al matrimonio es abordar el tema de una forma profundamente antibíblica. El problema no es el estado de casado o soltero; ambos son regalos. El problema es nuestro corazón y lo que nos motiva».[1]

«En el amor no hay temor, sino que el perfecto amor echa fuera el temor, porque el temor involucra castigo, y el que teme no es hecho perfecto en el amor. Nosotros amamos porque Él nos amó primero» (1 Jn. 4:18-19).

Nuestra confianza en Él va a crecer si permanecemos en Jesús y sabremos que caminamos en un amor que ya lo es todo para nosotros y que nos permite enfrentar la vida con valentía. Podemos perdonar, amar y confiar en otros porque ya somos amados con un amor perfecto.

«Podemos perdonar, amar y confiar en otros porque ya somos amados con un amor perfecto».

¿Cómo pensar de forma correcta y bíblica si me identifico con los casos anteriores?

Ya has dado un paso importante si has identificado algunas de estas creencias en tu vida. El Espíritu Santo, quien nos guía a toda verdad, está comprometido con terminar la obra que empezó en nosotros. Por lo tanto, no estamos condenados a permanecer en ciclos de pensamiento de temor, amargura y pecado. Siempre me anima cómo el apóstol Pablo nos invita a no adaptarnos a la forma de pensar del mundo, sino que podamos ser transformados mediante la renovación de nuestra mente con **la verdad**, para así ser capaces de conocer cuál es la voluntad de Dios, **siempre** buena, agradable y perfecta (Rom. 12:1-2).

---

[1] Allberry, Sam. *7 Myths about Singleness*, (2019) pág. 45. Traducción propia.

Veamos algunas de esas creencias que pueden llevarte a tener la motivación equivocada para permanecer soltero. Usaremos algunos recordatorios de la verdad:

1. Sobre no necesitar a nadie

Esta idea no solo es falsa, sino inaplicable a la vida cotidiana. Siempre necesitaremos de los demás, aún si permanecemos solteros. Fuimos creados para vivir en comunidad con otros. Si bien es cierto que nadie *necesita* un cónyuge, los cristianos sí formamos parte de una familia espiritual, donde tendremos que asumir el rol de hijos, hermanos, amigos y nos necesitamos los unos a los otros para crecer y servir mutuamente.

> «El hierro se afila con el hierro,
> y el hombre en el trato con el hombre»
> (Prov. 27:17, NVI)

Por otra parte, también es posible que el matrimonio esté dentro de la voluntad de Dios y pueda ser algo bueno para nosotros que glorifique a Dios. Los cristianos podemos vivir una vida abierta a las amistades y a la idea de formar una familia con otro creyente, sabiendo que no fuimos creados para vivir en aislamiento solitario. Necesitamos de otros para crecer y el prójimo también nos necesita.

2. Si crees que todos los hombres o todas las mujeres son iguales

Cuando yo decía «todos los hombres son iguales», a veces me respondían, «cuando conozcas al hombre de tu vida vas a dejar de creer eso». Realmente no necesitamos enamorarnos o casarnos para cambiar nuestra forma de pensar con respecto a esa frase generalizante y equivocada. Yo pude entender, durante el tiempo de restauración que Dios me regaló durante mi soltería, que mi confianza no podía estar puesta en la bondad del género masculino, sino en la bondad de Cristo. Él modeló una humanidad perfecta que es ejemplo para todos sus seguidores, incluyéndome. Él está haciendo Su obra transformadora continuamente en mí y por eso no debo dudar de que la hace también en todo creyente, incluyendo a los del sexo opuesto. Dios transforma las vidas de los suyos. Por lo tanto, Su carácter se debería reflejar en el carácter de Sus seguidores. Puedes entonces poner tu confianza en la obra transformadora del Espíritu Santo en cada cristiano y confiar en la provisión misericordiosa de Dios para tu vida.

Este podría ser un buen momento para evaluar qué patrones puedes haber estado repitiendo que han garantizado que siempre hayas escogido mal (¡esto es algo que yo tuve que hacer y me sorprendió darme cuenta de lo equivocada de mi manera de pensar!). Mientras reflexionas apóyate en la oración de David, cuando le pide a Dios que lo examine, que ponga a prueba sus pensamientos y que vea si va por el camino correcto (Sal. 139). Deja que sea Dios quien renueve tu mente con Su verdad y no tus experiencias pasadas.

3. Si tienes miedo a sufrir o a escoger mal

Recuerdo que cuando comencé a conversar con el que hoy es mi esposo, tenía un miedo terrible a repetir mis patrones del pasado y terminar herida una vez más. Pero si hubiese tomado decisiones y actuado basada en mi miedo hubiera huido, jamás lo hubiese conocido a fondo y no habríamos formado la familia que tenemos hoy. Agradezco tanto a Dios por el consejo sabio y oportuno que recibí de mi mentora en esa época y que se basó en este proverbio:

«El temor al hombre es un lazo,
Pero el que confía en el SEÑOR estará seguro»
(Prov. 29:25).

Nuestra confianza está en el Señor y eso debe afirmar nuestros pasos y nuestra disposición a afrontar la vida —y las relaciones— con seguridad. El temor solo es un engaño que nos esclaviza y nos impide vivir en la plenitud que es nuestra por medio de Cristo.

Sería bueno recordar que no eres una simple víctima de las circunstancias. Dios ha prometido atravesar contigo cualquier circunstancia y te ha dado la sabiduría necesaria para tomar buenas decisiones. Como somos solo seres humanos falibles e imperfectos, no hay forma de entrar en una relación con todas las seguridades posibles como estar seguros de que va a salir todo bien, de que no seremos heridos y muchas otras seguridades que solo son cuentos de hadas o guiones de películas románticas. Nadie puede darte esta seguridad, pero reitero que Dios ha prometido estar contigo en medio de esa incertidumbre natural. Pero sí puedes orar para poder conocer a alguien, buscar consejo sabio y decidir en base a principios bíblicos. Así, con tiempo e intención, puedes tomar una decisión basada en la verdad. Tomar una buena decisión al escoger pareja requiere tiempo y no simplemente una revelación sobrenatural repentina.

Si aún decidiéramos paralizarnos y aislarnos en nuestras posibles relaciones amorosas para evitar a toda costa una mala consecuencia, no está en nuestras manos guardarnos de otros dolores y sufrimientos normales de esta vida. Una actitud equivocada podría generarnos un sufrimiento innecesario y cerrar los brazos a las bendiciones que Dios quiere darnos. C. S. Lewis decía que amar es, necesariamente, ser vulnerable[1]. Aunque esta actitud nos hace sentir expuestos, sabemos que podemos ser vulnerables porque ya estamos sostenidos y protegidos por el amor eterno de Dios.

4. Si temes al compromiso por no querer perder tu libertad o independencia

Las relaciones en general (familia, amistad, matrimonio) aportan tanto retos como grandes tesoros a nuestras vidas. Si pasamos nuestra vida huyéndole a toda forma de compromiso relacional, también estaremos perdiéndonos las bendiciones que Dios provee por medio de esos compromisos que esquivamos producto de una falsa idea de libertad.

La vida cristiana involucra un llamado a vivir de forma sacrificial, es decir, negándonos a vivir de forma egoísta y solo para nosotros mismos (Mat. 16:24). Me gusta decir que afrontamos la vida en «modo pérdida», porque nuestra vida ya no nos pertenece y buscamos ser fieles en seguir las huellas de nuestro Salvador y Señor (1 Ped. 2:21). ¡Todo lo hemos perdido gustosamente por causa de Cristo! (Fil. 3:7-8). Vivimos para Él y para otros por amor de Su nombre y no hay nada de lo creado a lo que debamos aferrarnos por encima de nuestro amor a Dios y al prójimo (Mat. 22:37-39). Es necesario cuidarnos del adoctrinamiento que

---

[1] Lewis, C.S. *Los Cuatro Amores* (1960) pág. 169

el mundo quiere darnos acerca del significado del compromiso porque en muchos casos no es más que una visión egoísta y engañosa. Por eso, siempre me anima la perspectiva de Pablo cuando dice:

> «Estimo como pérdida todas las cosas en vista del **incomparable valor** de conocer a Cristo Jesús, mi Señor. Por Él **lo he perdido todo**, y **lo considero como basura** a fin de **ganar a Cristo**» (Fil. 3:8, énfasis propio).

Esta es la perspectiva radical a la que todo cristiano está llamado a ver y vivir en el mundo. Si crees que una relación puede quitarte más de lo que te da (¡lo cual es falso!), entonces es un buen momento para preguntarte a qué cosas de este mundo te estás aferrando y qué valores están sosteniendo realmente tu vida y tus expectativas.

Esta idea de enfocarnos en lo negativo o en lo que nos resta una relación es una forma en la que el enemigo de nuestra alma busca engañarnos al quitarle importancia a lo que Dios le otorga valor. ¿Te has fijado que vivimos en un mundo que nos anima a siempre ponernos primero, desechar amistades, menospreciar la maternidad/paternidad, el matrimonio y en general, el sacrificio por otros? ¡No caigamos en este engaño!

La mejor forma de contrarrestar esta tendencia egoísta es estudiando las Escrituras a profundidad y dejar que sea la Palabra de Dios la que defina nuestros conceptos. Tim Keller afirma que es imposible para un soltero cristiano vivir bien la vida sin una visión informada y balanceada del matrimonio. De lo contrario, lo que pasará es que los solteros **desearán demasiado el matrimonio o lo desearán muy poco**, y cualquiera de estas visiones distorsionará cómo viven sus vidas.[1] Si nuestro entendimiento de las relaciones parte de la mentira secular de que solo restan, limitan y roban el supuesto tesoro de la independencia, evitaremos el compromiso a toda costa. Pero pensar de esa manera no surge de una visión bíblica ni sana de la vida porque solo buscaríamos lo nuestro e intentaríamos resguardarnos para nuestro propio beneficio.

---

[1] Keller, Timothy. *The Meaning of Marriage* (2011) pág. 115. Traducción propia.

El proceso de conocer y escoger

Entre las preguntas que más recibo por parte de personas que leen mi contenido sobre soltería está: *Si ya entendí que la soltería es un regalo de Dios, ¿cómo hago para dejar de anhelar el matrimonio?* Me da la impresión de que las personas esperan que les diga: *¡Sé más espiritual! ¡Sé más fuerte en el Señor!* Sin embargo, mi respuesta suele ser algo más como esto: *No necesitas dejar de anhelar el matrimonio para reconocer y disfrutar del regalo de tu soltería.* Sé que es un concepto difícil de digerir, porque solemos entender estas cosas como «todo o nada», pero es posible tener un anhelo sano por conocer intencionalmente a una persona y por casarte, mientras que, al mismo tiempo, nos regocijamos en la soltería. Claro, se trata de una tensión que no es fácil de sobrellevar, pero es completamente factible con la ayuda de Dios.

Pídele a Dios contentamiento en tu soltería y, al mismo tiempo, sigue anhelando el unir tu vida a alguien más. Casarte es un anhelo bueno y admirable, y todo será más fácil si lo transitas reconociendo que estás completo en Cristo.

Dedicaré la última parte de este capítulo a compartir algunas ideas que debes tomar en cuenta al momento de considerar conocer más profundamente a una persona o decidir entablar una relación. Estar contento y pleno en tu soltería no solo te ayudará a vivir la vida abundante que tienes ya hoy en Jesucristo, sino que, si llegase a cambiar tu estado civil, ¡podrás escoger y decidir muchísimo mejor!

Antes de buscar

Te diré algunas cosas de las que puedes asegurarte antes de decidir iniciar o buscar deliberadamente una relación. Te ayudarán a mantener el enfoque correcto, evitarán que vayas demasiado rápido y te ayudarán a mantener la objetividad en medio de las emociones que suelen surgir:

- **Asegúrate de que Dios sea realmente el centro de tu vida.** Afianzar tu relación con Dios es la mejor inversión de tu energía y tiempo, no solo para tu vida en esta tierra, sino para la eternidad. La Palabra de Dios nos exhorta a poner la mirada en las cosas de arriba, no en las de este mundo, como un estilo de vida (Col. 3). Si nuestra mirada estuviera orientada a que nuestra vida sea una respuesta a lo que Jesús hizo por nosotros y Su llamado, entonces podremos entender que todo lo que hagamos y decidamos debe ser para darle gloria. Esto también impactará definitivamente en la manera en que vivimos la soltería, las relaciones y el matrimonio.

- **Vive para Dios sirviendo a otros.** Esta es una etapa perfecta para aprender y desarrollar el servicio en tu familia, iglesia y en la sociedad en general. Predica a Cristo, haz discípulos, aprende a conocer a otros y a ver su necesidad como una oportunidad para ayudar y que el Señor reciba la gloria con tus acciones. Por supuesto, esto no es algo que solo deberás hacer mientras estés soltero, pero se trata de una etapa ideal para comenzar a implementarlo como una forma de vivir que permanezca por el resto de tu vida.

- **Trabaja en ti.** Anhela y ora para ser transformado para parecerte más a Cristo (Ef. 3:14-19; 4:13). No se trata de «convertirte en la mejor persona para tu futuro cónyuge», como suelen aconsejarnos. Se trata de que reflejes por completo el carácter de Cristo. Ese anhelo y búsqueda superior llevará un fruto que bendecirá finalmente la vida de las personas a tu alrededor, incluyendo a tu cónyuge si te casas. Si necesitas crecer en tu vida de oración, en tu conocimiento teológico, buscar consejería bíblica o terapia con un profesional cristiano para resolver temas difíciles, ¡no hay mejor momento para hacerlo!

¿Puedo escoger pareja o me la escoge Dios?

He escuchado a personas decir «no quiero escoger yo, que escoja Dios», una frase que podría sonar sumamente espiritual. Sin embargo, este pensamiento es parte de una idea errada con respecto a la responsabilidad que debemos ejercer sobre nuestra vida y decisiones. Nosotros no somos marionetas de Dios que carecemos de capacidad de decisión. Por el contrario, la Biblia nos repite una y otra vez que tenemos la mente de Cristo, el regalo del discernimiento y la garantía de pedir y obtener sabiduría. ¡Estamos más que equipados en el Señor para decidir y escoger nuestras relaciones!

Le transferimos a Dios una responsabilidad que Él jamás ha dicho que es Suya si esperamos que «Dios escoja». Por supuesto, nosotros vivimos sujetos a Su voluntad, oramos y le pedimos Su dirección en todo, pero no le transferimos nuestra responsabilidad, porque lo que suele suceder es que, cuando las cosas salen mal, ignoramos nuestra propia responsabilidad directa y afirmamos cosas como «¡no sé por qué Dios hizo esto!».

Para conocer y escoger pareja

- **Ten en cuenta que Dios es proveedor de todo, incluyendo las personas:** Uno de los temas que más me angustiaba durante la soltería era sentir que simplemente no había hombres cristianos entre los cuales escoger porque eran casi inexistentes o los que había ya estaban comprometidos o casados. Entiendo perfectamente de dónde vienen las dudas que pudieras tener al respecto. Sin embargo, debes recordar que Dios es proveedor y no solo en un aspecto financiero o material (Sal. 23).

  Nuestra visión de lo que Dios puede hacer es limitada y nuestro problema radica en que, si no vemos algo, entonces para nosotros sencillamente no existe. Pero Dios puede, si es Su voluntad, proveer a esa mujer o a ese hombre a quien pudieras unir tu vida y no hay nada en este mundo que pueda limitarlo. No importan ni tu edad, ni tus circunstancias, ni cuán imposible parezca, ni cuánto te digan que ya «se pasó el tren». Es importante que creas en la providencia y provisión de Dios para que no te conformes con menos de lo que Dios es capaz de hacer y pudiera tener para ti. Conozco decenas de historias de parejas que se encontraron de la forma más inesperada. La mía no fue la excepción: conocí a mi esposo por Facebook (sin estar buscándolo), viviendo en países diferentes y teniendo una diferencia de edad considerable entre nosotros. Dios lo proveyó para mi vida, aunque mi realidad me decía en ese momento que era algo imposible.

- **Sobre el tema de la atracción:** Muchísimas personas me han preguntado si debemos sentirnos atraídos a nuestros potenciales cónyuges. Mi respuesta es, inequívocamente, ¡que sí! Sería tan difícil pasar el resto de tu vida con una persona que no te atraiga; además, ¡Dios fue el que creó la química y la atracción física, justo con el propósito de que eso sirviera para juntarnos! Él no es un dictador cruel que nos «asigna» una persona que no nos gusta sin darnos voz ni voto en esa decisión. Podemos y debemos decidir con quién nos casaremos y la atracción sin duda es un elemento importante en ese proceso. Sin embargo, en mi opinión la pregunta importante no es si debe haber atracción, sino *qué es lo que nos atrae de una persona.*

La atracción va mucho más allá del atractivo físico. Aunque el físico es parte de sus componentes, hay otros elementos importantes que se deben considerar dentro del ámbito de la atracción. Si lo único que te atrae de alguien no es la persona como tal, sino que encaje en un listado de características superficiales como altura, raza, posición económica, tipo de trabajo o posesiones, debo decirte que tienes un concepto equivocado de atracción. Ninguna de estas cosas te muestra aspectos de la personas mucho más importantes y trascendentes para una relación como el carácter, la fe o su madurez. ¡He conocido mujeres atraídas físicamente hacia hombres que son buenos cristianos devotos, pero los terminan rechazando solo por no ser suficientemente altos! También a hombres que no se atreven a cortejar a una chica hermosa en todos los sentidos porque no se ajusta a «su tipo».

Los cristianos también hemos caído en el error de sobrevalorar el dinero o un físico ideal como elementos decisivos al momento de escoger una pareja. De nuevo, yo no creo que Dios te «obligue» a casarte con alguien que no quieres o que no te guste; Él nos deja la decisión a nosotros y esta reflejará el estado de nuestro corazón y las prioridades en nuestras vidas.

Dios nos creó con la capacidad de ser atraídos físicamente por el otro, pero la forma integral en la que funciona la atracción incluye todo lo que es una persona: personalidad, carácter, características físicas, trato, inteligencia, humor, etc. La atracción se construirá al inicio de la relación con aquello que nos atrae a la vista, pero luego se irá conociendo más y más a la persona, pasando de lo superficial a lo más profundo. El amor conyugal que permanece incluirá a toda la persona con sus defectos y virtudes, con su hermosura o fealdad, y se enriquecerá en la medida en que ambos busquen llenarse del amor de Dios y dejen transformarse por Él.

A mí siempre me atrajo mi esposo físicamente, pero te aseguro que ver cómo manifestaba el carácter de Cristo es lo que me ha hecho permanecer enamorada, incluso más que al inicio. Una de las cosas que termina sosteniendo una relación amorosa, además de Cristo, es la admiración y el respeto mutuos, aspectos que tienen mucho más que ver con el carácter que con la apariencia de alguien. Keller pone en claro los peligros de una búsqueda equivocada:

> «Muchos solteros están buscando una pareja altamente compatible, hermosa y brillante. Para otros, la soltería se ha convertido, en el mejor de los casos, en un purgatorio, donde vives esperando a que tu vida real comience. En el primer caso, el soltero descarta a muchos buenos partidos por su temor y su perfeccionismo. En el segundo, los solteros tienden a ahuyentar a los candidatos por su excesiva necesidad, y en ocasiones pueden llegar a tomar terribles decisiones en la elección de un esposo o esposa, debido a su desesperación»[1].

- **No tienes que casarte con la primera persona con quien salgas a tomar un café**: No tiene nada de malo conocer, conversar y compartir tu tiempo con alguien en el marco de una amistad genuina. De hecho, te recomiendo que lo hagas. Abre espacio para las amistades y pasa tiempo de manera puntual con personas del sexo opuesto. Esto no tiene por qué convertirse automáticamente en un noviazgo, siempre y cuando estemos hablando de una relación de amistad genuina. Salir y compartir en un ambiente de amistad es una buena forma de conocer a alguien y darte a conocer. Sin embargo, en el momento en el que comienza a haber atracción o ese «algo más» entre ustedes, sería importante conversar y decidir si ambos pueden pensar su relación en otro nivel en este punto.

Este consejo va para todos, hombres y mujeres: sean claros y sinceros sobre sus expectativas e intenciones. No ilusionen románticamente a alguien con quien no están dispuestos a tomar las cosas en serio. Ser auténticos y transparentes es también una manifestación de amor a nuestros hermanos en la fe y una demostración del carácter de Cristo en nosotros. Seamos coherentes en lo que hacemos, decimos y sentimos.

---

[1] Keller, Timothy. *The Meaning of Marriage* (2011) pág. 117. Traducción propia.

- **No empieces un noviazgo ni te cases con alguien que no sea cristiano (no te unas en yugo desigual):** Este consejo es tan importante que le dedicamos todo un capítulo de este libro. En una relación de yugo desigual hay una alta probabilidad de que tu amor por Cristo se desplace a un segundo lugar debido a que estás unido a alguien que no vive para Él. Por favor, no escojas mal simplemente porque alguien te atrae o es una opción factible. ¿Por qué desperdiciar tu tiempo, dando pie a equivocarte y confundirte?

- **Vive cada etapa con calma:** Cuando estamos solteros, especialmente cuando llevamos mucho tiempo así, es común que te ilusiones rápidamente cuando conoces a alguien que manifieste un interés recíproco y que aparentemente cumple todas las características que buscamos. ¡La atracción y la emoción de lo nuevo se sienten tan bien! De hecho, es una parte natural de la experiencia romántica que puedes disfrutar, pero al mismo tiempo es importante mantenerte alerta en oración, buscando consejo sabio y evaluando todo con frecuencia, incluyendo a esa persona que estás conociendo. Son demasiados los testimonios de cristianos que, por haberse apresurado a entrar en una relación, cometen errores como casarse sin conocer bien a la persona, caer en relaciones sexuales prematrimoniales o ignorar las alertas que pudieron ver desde el principio.

La intimidad real debe estar reservada para el matrimonio y no solo me refiero a la intimidad sexual, sino a la emocional. Cuando esa persona comienza a llenar nuestros pensamientos (esto es muy normal y hasta una reacción química natural cuando nos interesamos en alguien), y además pasamos todo nuestro tiempo con ella, compartimos nuestros sentimientos más profundos, nuestra vida espiritual, nuestra familia, nuestros amigos y espacio personal, es muy difícil que podamos evaluar esa relación de una forma equilibrada y sabia. Esto podría cegar tu visión de las cosas que Dios quiere que veas, aun si no están teniendo intimidad sexual antes del matrimonio.

«Pero ¿entonces cómo voy a conocer bien a esa persona?», me han preguntado algunos ante este tipo de advertencia. Creo que no necesitas pasar todo tu tiempo con ese novio nuevo ni compartirle todo tu mundo emocional para conocerlo bien. Mucho menos necesitas viajar a solas con tu novia ni convivir antes de casarte para saber si realmente la amas. Nuestra sociedad nos vende la mentira de que podemos y debemos disfrutar de las mieles del matrimonio y su intimidad emocional antes de casarnos. ¿Por qué no vivir las cosas ya, si puedes sentirlas? Además, ¡esta persona es cristiana y seguro nos casaremos! ¡Qué más da! Incluso a veces es aceptado dentro de la iglesia que las parejas de novios se comporten casi como casados en el sentido de hacer todo juntos, compartir cada espacio y tratarlos como si su nivel de compromiso fuera el de una pareja casada.

Las consecuencias de ese grado de intimidad son diversas, pero principalmente afectan la importancia de vivir cada etapa y el discernimiento con el que necesitamos elegir a una pareja para casarnos. Al ignorar no solo los límites físicos, sino también los emocionales, corremos el riesgo de entregarnos por completo en una relación que necesita ser examinada y probada antes de dar un paso de mayor compromiso. Mi mejor consejo es que dejes que Dios te guíe durante cada etapa con prudencia, sin necesidad de correr y disfrutándolas con sabiduría y discernimiento. ¡El matrimonio ya será el momento de vivir la relación con plena intimidad en todos los sentidos!

- **Sexualidad:** También dedicamos dos capítulos completos a este tema tan importante. Solo quisiera aconsejarte que desde el principio establezcan claramente los límites necesarios en su relación física. He recibido correos de personas contándome que tienen un «amigo especial» a quien están conociendo, pero que no saben qué pensar de la relación porque ya andan de la mano y se han besado apasionadamente. Siempre les respondo que cruzar este tipo de límites ya hace que el proceso intencional de conocerse mutuamente para evaluar si es prudente iniciar una relación pase a segundo plano. Las hormonas de ambos ciegan el proceso de conocerse.

Sucede lo mismo en un noviazgo oficial que rompe los límites y tienen algún tipo de práctica sexual. Al poner la atención de la relación en la intimidad física adelantada a su momento (y, por ende, pecaminosa) se nubla el entendimiento. Cada etapa de conocimiento y relación de noviazgo debe estar precedida por un acuerdo claro y explícito de lo que está permitido y lo que no debe formar parte de la experiencia de la relación. Mientras más pasan los años, me inclino aún más a recomendar que, mientras más radicalmente se limite el contacto físico en una relación de noviazgo, mejor. Parece excesivo, pero límites así son los mejores aliados para evitar el pecado sexual. Rendir cuentas en este aspecto a una pareja casada piadosa también es una herramienta muy útil. En el matrimonio ya habrá todo el tiempo del mundo para vivir esta etapa a plenitud y sin ninguna culpa.

«Examíname y ve si hay en mí camino de perversidad»

Finalmente, quisiera animarte para que durante el proceso de conocer y escoger pareja puedas hacer esta oración de David de forma constante (Sal. 139). Solo el Espíritu Santo de Dios puede guiarnos correctamente y mostrarnos esos rincones oscuros de nuestro corazón y todo aquello que somos incapaces de ver por nosotros mismos. Puede que haya cosas en las que sea necesario que trabajes: distorsiones acerca de lo que crees de Dios, de tu identidad en Cristo o de las relaciones. Quizás has tenido miedo a abrirte a la posibilidad de una relación o tal vez tengas prejuicios que desconozcas. Es probable que hayas aprendido a vivir las relaciones de una forma disfuncional y eso te impidió en el pasado sostener una relación sana. Cualquiera sea lo que pudiera estar influyendo en actitudes erradas, Dios puede abrir tus ojos y mostrarte la verdad.

> «Lo opuesto del amor cristiano, es el amor que se trata de mí. Idolatrar a mi amado —lo cual es un peligro para muchos— se trata realmente de mí, pese a que parece tratarse del otro. Se trata de mí porque no toma en serio al ser amado como una persona creada y redimida por Dios, sino que lo imagina como un ser perfecto, heroico, sublime y adaptado para satisfacer mis necesidades».[1]

---

[1] Winner, Laura. *The Countercultural Path* in *Five Paths to the Love of Your Life*, (2005). Pág. 38 (Traducción propia)

Capítulo XI

UNA ESPERANZA GARANTIZADA EN MEDIO DE TU SOLTERÍA

UNA HERENCIA INDESTRUCTIBLE, INCONTAMINADA E INMARCHITABLE

Hemos llegado al final de nuestro recorrido en nuestra búsqueda por descubrir cómo es que la vida abundante de Cristo puede ser experimentada a través del regalo de la soltería ¡Me llena de tanto gozo imaginarme las distintas formas en las que confío que Dios te ha hablado a lo largo de los capítulos, relatos y reflexiones! Sé que lo ha hecho porque Él es fiel y te ama. Más allá de cuál sea el desenlace de tu historia personal, mi oración es que hayas podido descubrir los tesoros invaluables que ya disfrutas hoy porque nos han sido dados por gracia a todos los redimidos. Te invito a acompañarme en estas últimas páginas a medida que el Espíritu de Dios afirma en ti a Jesús como la única esperanza inconmovible para tu vida.

*«¡Alabado sea Dios, Padre de nuestro Señor Jesucristo! Por su gran misericordia, nos ha hecho nacer de nuevo mediante la resurrección de Jesucristo, para que tengamos una esperanza viva y recibamos una **herencia indestructible, incontaminada e inmarchitable**. Tal herencia está **reservada** en el cielo **para ustedes**, a quienes el poder de Dios protege mediante la fe hasta que llegue la salvación que se ha de revelar en los últimos tiempos»* (1 Ped. 1:3-5, NVI, énfasis personal)

Esperanza en un lugar inesperado: ¿Qué pasaría si nunca te casas?

Lo último que quisiera alguien que crea contenido para las redes sociales, como parte de su trabajo, es importunar a su público. Quienes hacemos videos o escribimos artículos buscamos, en general, darle a nuestra audiencia el conocimiento, el consuelo y el ánimo que probablemente vino a buscar en la plataforma. Sin embargo, ante el compromiso superior de enseñar sobre la verdad y compartir lo que Dios ha hecho en mi vida, muchas veces he tenido que sacrificar este deseo. Me explico mejor: plantear la realidad de que sea posible que la voluntad de Dios para algunos es que nunca se casen me ha costado seguidores, varias discusiones acaloradas y hasta acusaciones de herejía (es en serio). Sin embargo, como te conté al principio de este libro, reconocer la posibilidad de que el matrimonio no sea algo que Dios tenía para mí, aunque en su momento me costó sacrificar mis deseos y algunas lágrimas, finalmente me permitió descubrir el tesoro incomparable de la libertad que tenemos en Cristo.

No todos los solteros se identifican con esta situación, pero, para algunos, pensar en la posibilidad de que jamás se casen es simplemente inaceptable. Les genera tanto rechazo y temor que deciden ni siquiera plantearse la posibilidad. De hecho, muchos de los reclamos que recibo cuando hablo del tema suenan, más o menos, así: «*¡Estás desconociendo la bondad de Dios! Un Dios bueno jamás me dejaría sin casarme. Él puso ese anhelo y lo va a cumplir*». Su percepción de la soltería y del matrimonio hace que la sola idea de nunca casarse les resulte absolutamente insoportable e incoherente con la naturaleza buena de Dios. No se imaginan a sí mismos ni a su futuro fuera de un matrimonio. Ellos creen que la clave está solamente en «*esperar un poco más porque Dios lo va a hacer... ¡Es que **tiene** que hacerlo!*». Como ya hemos hablado en capítulos anteriores, esta idea es producto de una comprensión limitada de las Escrituras y también viene porque se asocia popularmente la soltería con la tristeza y el fracaso.

Debo confesar que suele causarme gracia el argot cristiano tan común que habla del «esposo o esposa que Dios tiene para ti». No es que me parezca tonto que ores porque anhelas casarte (puede que Dios sí provea a una persona a tu vida y no tiene nada de malo orar por ello), sino porque podría venir de la falsa creencia, aceptada sin pensarla dos veces, de que el matrimonio está garantizado para todos los hijos de Dios. Eso hace que sea común escuchar oraciones como esta: «*Señor, ¿y cuándo me vas a mandar a **mi** esposo?*», que en ciertos casos termina planteándose como el reclamo de un derecho que Dios debería satisfacer a toda costa.

Esta óptica hace prácticamente imposible plantearse que Dios esté pensando algo como «*Mira, el matrimonio no está en mis planes para ti*» ¡Es que a muchas personas la sola idea les parece escandalosa! La conmoción es producto, como es lógico, no solo de una posible exaltación casi idolátrica del matrimonio y la vida en pareja, sino de la convicción arraigada de muchos cristianos de que Dios brinda a sus hijos una garantía general y absoluta de que se casarán. Me gustaría repetirlo una vez más: Esta conclusión es absolutamente comprensible si seguimos viendo, por un lado, al matrimonio como *la* bendición más grande de Dios y, por otro lado, a la soltería como esa etapa incómoda que, mientras menos dure, mejor.

Sin embargo, así como Dios decide concederles a algunos el regalo de la soltería por más o menos tiempo (o para toda la vida), es también Él quien decide conceder el regalo del matrimonio según Su soberanía perfecta. Los regalos de Dios vienen dados por Su gracia y por Su voluntad amorosa y soberana; por lo tanto, no son garantías que podemos exigirle a Él ni tampoco podemos darlo por sentado. Siempre me preguntan si está «mal» orar por un futuro cónyuge y mi respuesta siempre es que no, somos libres de elevar nuestros deseos delante de Dios. Pero debemos permanecer vigilantes de dónde estamos poniendo nuestra esperanza en esas oraciones: ¿En la seguridad de que Dios nos dará lo que le estamos pidiendo o en la seguridad de que Dios es bueno y sabe qué es lo mejor para cada uno?

La pregunta que *necesitas* hacerte

Al llegar al final de este libro, es muy importante para mí que puedas hacerte y contestarte la pregunta:

¿Qué pasaría si nunca me caso?

Yo fui una de esas solteras resistentes a hacerse la pregunta porque ¡me daba pavor! No me atrevía siquiera a pensarlo para no «darle ideas a Dios» de que yo podía siquiera plantearme la posibilidad de un futuro sin casarme. Te confieso que pensaba que, si Dios veía que yo era capaz de renunciar a mi anhelo y estar bien con eso, ¡entonces no me lo daría! Así que recurría a mi clamor desesperado e insistente por el regalo del matrimonio. En otras palabras —por absurdo que suene— llegué a pensar que, si le inspiraba lástima y compasión al Señor debido mi desesperación, simplemente me concedería mi petición.

Pero vivir de esa manera no era ni sano ni útil y está sumamente lejos de la vida abundante que tenemos en Cristo. No es la forma en la que Dios quiere que vivamos y nos relacionemos con Él. Creer que podemos manipular a Dios hasta el punto de dejarlo con una sola alternativa (¡imagínate eso!), no solo revela nuestro anhelo idólatra, sino también lo poco que lo conocemos. Vivimos como esclavos de nuestros propios deseos, en vez de ser libres en Él.

Darme cuenta de esa realidad esclavizante, por la pura gracia del Espíritu Santo, fue lo que me hizo ver que estaba en una cárcel, presa en la celda del sentimiento de no poder soltar mis deseos y responder con libertad y sinceridad a la pregunta. Entonces un día... ¡me atreví! Recuerdo que literalmente me miré al espejo y me pregunté:

«*Clara, ¿qué pasaría si nunca te casaras?*».

Vinieron a mí los sentimientos abrumadores que se asomaban cada vez que me atrevía a pensar en la pregunta y que jamás me atrevía a responder. Pero ese día, sé que el Señor me dio la valentía para responderla, aún si aparecían lágrimas en mis ojos. La conversación que tuve conmigo misma, en presencia de Dios, fue más o menos así:

«Es posible que Dios no tenga el matrimonio entre Sus planes para mí. Si así fuera, ¿cómo voy a vivir el resto de mi vida? ¿Llorando, sufriendo y amargándome por algo que desde el principio no estuvo en los planes de Dios para mí? ¡Qué pérdida de tiempo!, ¿verdad?»

Recuerdo los pensamientos que siguieron: «¿cómo miraría mi vida en retrospectiva cuando eso pasara? ¿De cuánto gozo, paz y plenitud me perdería por estar aferrada a un anhelo que, finalmente, pertenece solo a esta tierra?» Finalmente, ya con menos lágrimas en los ojos, pude entender e incluso sentir lo liberador que era no necesitar que algo pasara en mi vida para poder estar bien. Comencé a experimentar lo que significa la liberación de la atadura de mis propios deseos. Ahora era libre de mi necesidad forzosa de algo o alguien más que Cristo.

Esa respuesta no me quitó la esperanza de una felicidad futura, sino que me permitió al fin aceptar la libertad producto de una esperanza mucho más segura y verdadera en Jesús. Finalmente, yo podía descansar en lo que Dios deseara en Su voluntad para mi vida, porque ya no estaba descansando en un plan o un proyecto de vida específico, sino que estaba comenzando a descansar por completo en Él.

Fui confrontada en mi propia fe, porque la idea de nunca casarme afectaba mi caminar y mi servicio al Señor. No lo seguía y servía en respuesta a Su amor y Su salvación, sino por lo que podía darme y parecía negarme hasta ese momento. También me planteé algunas implicaciones de la posibilidad de no casarme (como, por ejemplo, el enfoque de mi tiempo para servir, trabajar, viajar o tomar decisiones individuales) y lo cierto es que nada parecía ya tan temible como antes. Si tenía a Dios, ¿qué me podía faltar en realidad?

Al responderme a la pregunta que tanto había evadido, «¿*qué pasaría si nunca me caso?*», no solo me di cuenta de que el panorama futuro no era tan grave como pensaba si el matrimonio no estaba en los planes de Dios para mí, sino que encontré la verdadera esperanza y libertad en la idea más inesperada:

Soltar mis propios planes
para confiar en los de Dios.

Hay quienes tildan de cruel y contraria a la naturaleza de Dios la afirmación de que es posible que Dios no disponga el matrimonio para algunos (así como tampoco tenemos garantizadas otras cosas que quisiéramos, como la salud, el bienestar, la abundancia económica o los sueños cumplidos). Pero esta visión es deficiente porque reflejaría que creemos en que el carácter de Dios depende de que nos dé lo que nosotros consideramos más importante. Esto no tiene ningún fundamento bíblico. Dios nos dio a Jesús y eso ya es fundamental y suficiente. Nosotros nos sometemos a Su señorío y es Él y no nosotros quien conoce lo que realmente necesitamos (Mat. 6:32). Lo que nos toca es descansar en Su perfecto amor de Padre.

No se trata de vaticinar qué es lo que Dios tiene dispuesto para ti y entonces caminar seguro y resignado porque ya sabes que te dará el matrimonio o la soltería para el resto de tu vida. Esto diferiría de lo que significa tener tu esperanza en Cristo porque Pablo dice, «... pero la esperanza que se ve no es esperanza, pues, ¿por qué esperar lo que uno ve? Pero si esperamos lo que no vemos, con paciencia lo aguardamos» (Rom. 8:24b-25). Más bien, en medio de las pequeñas incertidumbres de la vida, tu fe debe estar fundamentada en la certeza de quién es Dios y en Su carácter misericordioso e inmutable. La incertidumbre nos ayuda a desarrollar la confianza y la dependencia en un Dios que es 100% confiable.

Por eso quisiera invitarte a que, en tus propios términos y en oración, te enfrentes con esta pregunta y la respondas con absoluta sinceridad delante de Dios. Podrías escribir tu respuesta en un diario personal (si lo tuvieras). El propósito es que te ayude a ver que, si nunca te casas, si el matrimonio llega mucho más tarde de lo esperado o simplemente tus planes cambian, nada termina siendo tan grave porque tu vida, ahora y siempre, se encuentra segura en manos de Dios.

Elisabeth Elliot, una de mis heroínas de la fe, se enfrentó a la respuesta a una pregunta muy similar: «Estando joven, le hice una pregunta a Dios. "Señor, ¿es el matrimonio algo que tienes en tus planes para mí?" La respuesta de Dios no fue sí o no. Fue: "Confía en mí"»[1]. Elliot terminó casándose no una, sino tres veces luego de enviudar trágicamente en sus dos primeros matrimonios, circunstancias que terminaron siendo su mayor testimonio de una vida entregada a Cristo.

El llamado a la soltería puede ser temporal o de por vida, pero lo más importante es que Cristo te capacita para estar bien en el estado en que te llame

---

[1] Elliot, Elisabeth. Conferencia en el Gordon Conwell Theological Seminary, 2012.

a vivir. El llamado que tenemos como seguidores de Jesús a ser fructíferos, multiplicarnos y vivir una vida haciendo discípulos nos incluye a todos, solteros, casados, en cualquier edad o en cualquier otro estado civil. Puede y debe cumplirse gracias a tu tiempo (corto o permanente) de soltería y ¡no a pesar de ella!

Mi invitación final es a que te enfrentes a la posibilidad de permanecer soltero, especialmente si se trata de uno de tus peores miedos. No hay forma de perder cuando ponemos nuestra confianza en Dios, nuestro lugar más seguro. Quisiera recalcar que esto no significa necesariamente que no te casarás; como ya he señalado, esto es algo que solo Dios sabe. Pero esto te ayudará a vivir en la libertad de saber que no te faltará nada que necesites para hacer lo que Dios ha dispuesto para tu vida, sea la soltería, el matrimonio o cualquier otra circunstancia. Disfruta de haber encontrado a Jesús, el tesoro más grande que se puede tener.

«El llamado a la soltería puede ser temporal o de por vida, pero lo más importante es que Cristo te capacita para estar bien en el estado en que te llame a vivir».

PALABRAS FINALES

Tu más grande necesidad ya fue satisfecha

Al comienzo del último capítulo, quise compartir contigo las palabras del apóstol Pedro en su primera carta (1 Ped. 1:3-5). Me encanta ese pasaje porque resume muy bien cuál debe ser nuestra motivación, nuestro gozo y nuestro objetivo: Recibiremos una herencia indestructible, incontaminada e inmarchitable, la cual está reservada para nosotros por medio de Cristo ¡Wow! Esta verdad debe ajustar nuestra visión y nuestras expectativas con respecto a las cosas que queremos en este mundo porque nuestro galardón está en Jesús y es ¡Jesús mismo! Ya hemos nacido de nuevo por medio de Su obra y Dios ha provisto una solución a nuestra mayor urgencia: ser libres de Su ira que merecíamos por nuestro pecado. No hay necesidad más grande que la necesidad que teníamos de salvación.

Por medio de la obra de Cristo y por medio del regalo de la fe en Él, esa necesidad fue completamente satisfecha para nosotros en Cristo ¿Acaso hay una necesidad más grande para el ser humano que algo de este mundo pueda satisfacer? La respuesta es un rotundo no. Anhelo que puedas atesorar esta realidad por encima de cualquier otra cosa de este mundo. Con esto en mente, te animo a preguntarte: ¿cómo no voy a creer que Dios me dará lo que Él sabe que necesito?

«El que no negó ni a Su propio Hijo, sino que lo entregó por todos nosotros, ¿cómo no nos dará también junto con Él todas las cosas?» (Rom. 8:32)

El verdadero contentamiento

Hace muchos años, en medio de una de las épocas más difíciles de mi vida, recuerdo que Dios me guio a leer una reflexión sobre el contentamiento. Se me pedía que me imaginara a mí misma sentada a la mesa del Rey todos los días de mi vida. En esa mesa donde yo estaba invitada por gracia, Sus ángeles habían dispuesto mi lugar para comer del banquete ofrecido. Había un plato solo para mí y era Dios quien decidía qué servir y qué comería yo ese día. Debía recordar que Él me amaba y sabía exactamente lo que yo necesitaba para sostenerme. Dado que ya estaba sentada en el mejor banquete, no tenía por qué temer de nada en absoluto. Tampoco debía fijarme en lo que estaba sirviendo en el plato de los demás comensales, porque podía estar segura de que lo que Dios ponía en mi plato era absolutamente lo mejor y necesario para mí. Yo podía confiar en mi Dios y alegrarme muchísimo de que podía disfrutar de Su banquete.

Este relato fue usado por Dios para cambiar radicalmente mi concepto del contentamiento, porque pasó de ser una aspiración lejana a una realidad presente. Podía confiar en Aquel que se dio a sí mismo por mí para que yo pudiese sentarme en Su banquete y ser servida sin que lo merezca en lo más mínimo. El contentamiento verdadero no viene de tener las cosas justo en el momento en que las queremos. Viene de saber quién es el Dios confiable que te invita a un lugar en Su mesa, donde es Él quien sacia tu sed y tu hambre conforme a Su voluntad buena, aceptable y perfecta.

No será fácil, pero siempre valdrá la pena

C.S. Lewis dijo que Dios no mantiene a nadie esperando a menos que Él vea que es bueno esperar para esa persona.[1] Un capítulo completo de este libro estuvo dedicado a la importancia de dejar de ver la soltería como una espera, pero esta afirmación de Lewis es aplicable en términos de las dificultades naturales que seguirás enfrentando en tu soltería. Habrá momentos fáciles y llenos del gozo de Dios, pero otros donde simplemente clames a Dios para que cambie tus circunstancias. Pero eso mismo puede ocurrir en el matrimonio, con

---

[1] Lewis, C.S. *Mero Cristianismo* (1952) Prefacio.

el trabajo de nuestros sueños o con nuestros hijos. Lo cierto es que ninguna de esas bendiciones terrenales nos satisfará jamás por completo y siempre llevarán la marca del mundo caído donde todavía vivimos.

Es posible que tu lucha hoy tome la forma de la soltería, pero puedes animarte en saber que no te encuentras solo. Todos los cristianos vivimos pruebas y luchas que nos llevan a ver nuestra necesidad del Señor, aún en medio del gozo de saber que tenemos un regalo en nuestras manos.

Esperé hasta este capítulo final para compartirte mi versículo favorito de toda la Biblia (¡aunque qué difícil es escoger uno!):

> «Pues esta leve tribulación momentánea produce en nosotros un cada vez más excelente y eterno peso de gloria; no mirando nosotros las cosas que se ven, sino las que no se ven, pues las cosas que se ven son temporales, pero las que no se ven son eternas» (2 Cor. 4:17-18, RVR1960)

Pablo, quien no solo estaba soltero, sino que enfrentaba continuas persecuciones, vejaciones, hambre y un sinnúmero de calamidades, decía que todas sus inmensas dificultades eran leves y momentáneas cuando las comparaba con el peso de gloria que estaba siendo producido por esas pruebas. En contraste, describe al peso de gloria[1] como algo excelente y eterno, llamándonos a poner nuestra mirada en aquello que no podemos ver, porque esas son las cosas eternas.

Quiero animarte a enfrentar lo que venga en tu vida con la misma convicción que tenía el apóstol Pablo. Puede que sea una soltería prolongada o un matrimonio en menos tiempo de lo que piensas; un nuevo trabajo o un gran cambio en cómo vives tu vida con Dios. Todo eso va a traer gozo y retos al mismo tiempo. Pero si pones la mirada en las cosas eternas puedes descansar en el Señor, confiando en lo que Él decida traer a tu vida y en el tiempo en el que lo hará.

---

[1] Jonathan Edwards definió peso de gloria como «todo aquello que Dios es, la plenitud de Su conocimiento, Su virtud y Su gozo». En el contexto de este versículo, entendemos que las luchas y sufrimientos están produciendo en nosotros un cada vez mayor entendimiento de la plenitud y el gozo de Dios, y es esta nuestra mayor recompensa. Fuente: DeYoung, Kevin. *Glory of God: The weight of glory*. (Mayo 27, 2011). The Gospel Coalition

Una esperanza garantizada en tu soltería

A lo largo de este libro hemos hablado sobre nuestra tendencia a buscar garantías: la garantía de que nos irá bien, la garantía de que Dios tiene una persona para nosotros o de que nuestros sueños se harán realidad. Lo cierto es que no podemos contar con la seguridad de ninguno de estos anhelos y eso definitivamente genera temor y resistencia en muchas personas; incluso desesperación si se trata de algo con lo que suponemos que no podríamos vivir. Pero si meditamos en las palabras de Pedro (y en muchos otros pasajes que nos reafirman esta verdad), la necesidad de tener garantías se ve aliviada con la seguridad incomparable de recibir una herencia guardada para nosotros en el cielo, que no se asemeja a nada en este mundo. Esa sí que es una garantía absoluta que se nos revela en la Palabra de Dios.

No hay ninguna posesión ni tesoro terrenal, ni siquiera las bendiciones buenas de Dios en nuestro paso por el mundo, que se comparen a lo que ya tenemos en Jesús. Una familia, hijos, ministerio, riquezas, renombre... todas estas cosas pasarán. Aunque son buenas y deseables, no son en sí mismos los tesoros en el cielo a los que se refiere Jesús (Mat. 6:19-21).

La esperanza en tu soltería es que ya has sido amado y aceptado por un amor perfecto y suficiente. No solo posees una herencia garantizada, sino un destino eterno que es mucho mejor de lo que hoy alcanzas a imaginar. La esperanza que tienes en Jesús no es solo futura, sino que es la realidad de una plenitud a la que tienes acceso hoy, en este mismo instante en que lees estas palabras. Jesús no solo será suficiente en tu futuro eterno a Su lado, ¡es suficiente hoy! en medio de las luchas que enfrentas en tu soltería y en cualquier otro aspecto de tu vida. No dejes que la cultura de este mundo, lo que tu entorno te dice que necesitas y ni siquiera la mala interpretación de las Escrituras te dejen creer lo contrario:

Cristo es suficiente en y para ti hoy

«Miren que nadie los haga cautivos por medio de su filosofía y vanas sutilezas, según la **tradición de los hombres***, conforme* **a los principios elementales del mundo y no según Cristo***. Porque* **toda la plenitud** *de la*

Deidad reside corporalmente en Él, y ustedes **han sido hechos completos en Él,** que es la cabeza sobre todo poder y autoridad». (Col 2:8-10, énfasis personal)

«La esperanza en tu soltería es que ya has sido amado y aceptado por un amor perfecto y suficiente».

A medida que escribo estas últimas líneas de nuestro camino juntos, confieso que mis ojos se llenan de lágrimas al meditar en la verdad de que tú y yo hemos sido hechos completos en Cristo. Esta verdad cambió radicalmente la manera en la que experimenté mi soltería y me sigue cambiando hoy en mi trabajo, en los distintos roles que me ha regalado el Señor y en mi recorrido temporal por este mundo. Anhelo tanto que sea así para ti.

¿Me acompañas a orar antes de que cierres este libro?

Señor, Dios incomparable que lo llena todo en todo, te damos tantas gracias por tu amor derramado sobre nosotros; un amor que nos persigue y nos acepta aun en nuestras fallas y que por gracia nos regala lo más importante: una vida y una eternidad contigo. Gracias por la belleza de tu Palabra y por las páginas que juntos hemos podido recorrer en torno al tema de la soltería.

Oramos por cada persona que anhela y necesita comprender el regalo de la soltería y la verdadera esperanza que puede hallar en medio de ella, para que seas tú mismo abriendo sus ojos para ver con claridad. Clamamos para que el conocimiento de ti derribe todo ídolo, llene toda soledad y nos aleje de hacer lo que no te agrada en nuestras relaciones interpersonales. Oramos para que tu perfecto amor eche fuera el temor a sufrir, a comprometernos o a la presión de nuestro entorno. Te pedimos que traigas gozo, ánimo, consuelo y plenitud a todo el que ha leído estas páginas. Te rogamos uses las preguntas e inquietudes que surgen en este estado civil como la excusa para encontrarte a ti como la fuente de todo bien.

Gracias por el regalo que nos has dado en la soltería, sea temporal o permanente, corta o extendida, porque a través de él podemos verte y glorificarte. Permítenos ser llenos de ti para reflejarte, predicarte con nuestros labios y dar testimonio de tu suficiencia a la humanidad, en cualquier circunstancia que tú decidas disponer en nuestra vida. Confiamos en ti para el desenlace de nuestra vida, sabiendo que veremos tu bondad en la tierra de los vivientes y disfrutaremos de una eternidad indescriptible a tu lado.

¡Bendito y alabado seas por siempre!
Amén.